JARDIM DE INFÂNCIA PARA A VIDA TODA

```
R434a   Resnick, Mitchel.
            Jardim de infância para a vida toda : por uma
        aprendizagem criativa, mão na massa e relevante para todos /
        Mitchel Resnick ;  tradução: Mariana Casetto Cruz, Lívia Rulli
        Sobral ; revisão técnica: Carolina Rodeghiero, Leo Burd.–
        Porto Alegre : Penso, 2020.
            xxii, 170 p. :  il. ; 23 cm.

            ISBN 978-65-81334-12-3

            1. Ensino. 2. Pedagogia – Prática. I. Título.

                                                            CDU 37
```

Catalogação na publicação: Karin Lorien Menoncin – CRB 10/2147

Mitchel Resnick

JARDIM DE INFÂNCIA PARA A VIDA TODA

por uma **aprendizagem criativa**, mão na massa e relevante para todos

Tradução
Mariana Casetto Cruz e Lívia Rulli Sobral

Revisão técnica
Carolina Rodeghiero
*Pesquisadora do MIT Media Lab. Articuladora pedagógica
da Rede Brasileira de Aprendizagem Criativa.*

Leo Burd
*Pesquisador do MIT Media Lab. Diretor do Lemann Creative Learning Program.
Diretor da Rede Brasileira de Aprendizagem Criativa.*

Porto Alegre
2020

Obra originalmente publicada sob o título *Lifelong kindergarten: cultivating creativity through projects, passion, peers, and play.*

Copyright © 2017 by Mitchel Resnick. ALL RIGHTS RESERVED.

Portuguese language translation publishing as Penso, a Grupo A Educação S.A. company.

Gerente editorial: *Letícia Bispo de Lima*

Colaboraram nesta edição

Editora: *Paola Araújo de Oliveira*

Capa: *Márcio Monticelli*

Preparação de originais: *Mariana Barth Jung*

Leitura final: *Carine Garcia Prates*

Editoração: *Kaéle Finalizando Ideias*

Reservados todos os direitos de publicação ao GRUPO A EDUCAÇÃO S.A.
(Penso é um selo editorial do GRUPO A EDUCAÇÃO S.A.)
Av. Jerônimo de Ornelas, 670 – Santana
90040-340 – Porto Alegre – RS
Fone: (51) 3027-7000 – Fax: (51) 3027-7070

SÃO PAULO
Rua Doutor Cesário Mota Jr., 63 – Vila Buarque
01221-020 – São Paulo – SP
Fone: (11) 3221-9033

SAC 0800 703-3444 – www.grupoa.com.br

É proibida a duplicação ou reprodução deste volume, no todo ou em parte, sob quaisquer formas ou por quaisquer meios (eletrônico, mecânico, gravação, fotocópia, distribuição na Web e outros), sem permissão expressa da Editora.

IMPRESSO NO BRASIL
PRINTED IN BRAZIL

Autor

Mitchel Resnick é professor do MIT Media Lab, onde dirige o Grupo Lifelong Kindergarten. Ele tem trabalhado em conjunto com o Grupo LEGO há 30 anos, colaborando em projetos inovadores, como *kits* de robótica LEGO Mindstorms, e ocupa a cadeira de professor LEGO Papert no MIT. Lidera a comunidade *on-line* e a equipe que desenvolve o Scratch. É cofundador da Clubhouse Network, uma rede de centros de aprendizagem extracurricular para jovens de comunidades de baixa renda que tem mais de 100 unidades ao redor do mundo.

Agradecimentos

Meu cargo oficial no Massachusetts Institute of Technology (MIT) é professor LEGO Papert de Pesquisa sobre Aprendizagem. O título parece adequado, uma vez que destaca duas das maiores influências em minha vida: LEGO e Papert.

Conheci Seymour Papert na primavera de 1982, quando ele fazia a palestra de abertura na West Coast Computer Faire. Na época, eu era jornalista e cobria a região do Vale do Silício para a revista *Business Week*. Gostava do meu trabalho, mas sentia que faltava algo. Não tinha aquela sensação intensa de missão ou propósito de vida. Então conheci Seymour. Fiquei inspirado com a sua visão de como as novas tecnologias podem gerar oportunidades para todas as crianças (de todos os níveis de conhecimento e experiências) se expressarem de forma criativa e se envolverem com ideias poderosas. No ano seguinte, me mudei para o MIT e comecei a trabalhar com Seymour. Trabalho no MIT desde então, dedicando minha vida a transformar a visão de Seymour em realidade.

Em meu primeiro grande projeto no MIT, ajudei a vincular a linguagem de programação Logo de Seymour às peças LEGO, permitindo que as crianças programassem e controlassem suas criações feitas com LEGO. O projeto deu início a uma colaboração extremamente produtiva com o Grupo LEGO – uma parceria que tem rendido bons frutos há mais de 30 anos, mantida por nossos valores compartilhados sobre crianças, brincadeiras, criatividade e aprendizagem. Sou especialmente grato a Kjeld Kirk Kristiansen, proprietário atual da LEGO (e neto do fundador da marca), por seu apoio e amizade de longa data.

Inúmeras pessoas contribuíram para as ideias, os projetos e as atividades que abordo neste livro. Com tantos colaboradores e contribuintes ao longo dos anos, escrever um agradecimento é desafiador, pois qualquer lista que eu tente criar estará incompleta. Espero que os colegas cujos nomes não tenham sido incluídos (ou que não tenham sido suficientemente destacados) entendam. Na maioria dos casos, listei as pessoas em ordem alfabética por sobrenome, apenas para simplificar.

Meu grupo de pesquisa Lifelong Kindergarten no MIT Media Lab tem sido como uma família. Trabalhamos, aprendemos e crescemos juntos. Neste livro, me concentrei especialmente em três das iniciativas de nosso grupo: robótica LEGO, Computer Clubhouses e Scratch. Natalie Rusk desempenhou um papel importante, ajudando a dar forma e a orientar essas três iniciativas. Também sou profundamente grato a outras pessoas que tiveram participações fundamentais nessas iniciativas: Amos Blanton, Carl Bowman, Karen Brennan, Leo Burd, Kasia Chmielinski, Sayamindu Dasgupta, Champika Fernando, Chris Garrity, John Maloney, Fred Martin, Bakhtiar Mikhak, Amon Millner, Andrés Monroy-Hernández, Steve Ocko, Ricarose Roque, Eric Rosenbaum, Randy Sargent, Jay Silver e Andrew Sliwinski.

Muitos alunos e membros da equipe do Lifelong Kindergarten contribuíram para as ideias e projetos deste livro, entre eles: Christan Balch, Andy Begel, Rahul Bhargava, Rick Borovoy, Amy Bruckman, Robbin Chapman, Michelle Chung, Shane Clements, Vanessa Colella, Margarita Dekoli, Shruti Dhariwal, Stefania Druga, Evelyn Eastmond, Dave Feinberg, Mark Goff, Colby Gutierrez-Kraybill, Chris Hancock, Kreg Hanning, Michelle Hlubinka, Abdulrahman Idlbi, Jennifer Jacobs, Daniel Kornhauser, Kwin Kramer, Saskia Leggett, DD Liu, David Mellis, Tim Mickel, Sarah Otts, Alisha Panjwani, Randal Pinkett, Carmelo Presicce, Ray Schamp, Eric Schilling, Philipp Schmidt, Alan Shaw, Casey Smith, Michael Smith-Welch, Tammy Stern, Lis Sylvan, Matthew Taylor, Tiffany Tseng, Moran Tsur, Claudia Urrea, Chris Willis-Ford, Diane Willow, Julia Zimmerman e Oren Zuckerman. Agradeço também aos excelentes administradores de grupo, que permitiram que a equipe do Lifelong Kindergarten pudesse trabalhar tranquilamente: Carolyn Stoeber, Stephanie Gayle e Abisola Okuk.

Ao longo dos anos, nosso grupo Lifelong Kindergarten colaborou (e aprendeu) com muitas outras pessoas, grupos e organizações. Duas de nossas colaborações mais duradouras e fortes são com a Playful Invention Company (liderada por Paula Bonta e Brian Silverman) e com o Tinkering Studio, no Exploratorium (liderado por Mike

Petrich e Karen Wilkinson). Entre outros colaboradores fundamentais, estão Robbie Berg, Marina Bers, Keith Braadfladt, Gail Breslow, Stina Cooke, Mike Eisenberg, Benjamin Mako Hill, Margaret Honey, Mimi Ito, Yasmin Kafai, Alan Kay e Sherry Turkle. Também tivemos muitos colaboradores internacionais incríveis, como Geetha Narayanan (Índia), Liddy Nevile (Austrália), Carla Rinaldi (Itália), Eleonora Badilla Saxe (Costa Rica) e Nobuyuki Ueda (Japão). Lisa O'Brien e My Nguyen, da Scratch Foundation, fizeram importantes contribuições na divulgação do espírito e das ideias do Scratch.

Nada deste trabalho teria sido possível sem o auxílio financeiro de várias fontes. Os projetos descritos neste livro receberam mais de dez financiamentos de pesquisa da National Science Foundation, e também financiamentos concedidos por fundações privadas, inclusive da Fundação Lemann e da MacArthur Foundation. Alguns patrocinadores corporativos foram verdadeiros parceiros, oferecendo não só financiamentos, mas diversas outras formas de apoio. Agradeço, em particular, o apoio do Grupo LEGO e da Fundação LEGO (com agradecimento especial para Erik Hansen, Jorgen Vig Knudstorp, Kjeld Kirk Kristiansen e Bo Stjerne Thomsen), da Intel (Craig Barrett e Roz Hudnell), do Google (Pavni Diwanji e Maggie Johnson) e do Cartoon Network (Jill King e Christina Miller). David Siegel tem sido muito mais que um doador generoso: juntos, fundamos a Scratch Foundation, para apoiar o desenvolvimento e a disseminação do Scratch.

O MIT Media Lab serviu como um ambiente fértil para o desenvolvimento das ideias e dos projetos discutidos neste livro. Sou grato ao diretor e fundador Nicholas Negroponte pelo estabelecimento de um ambiente de trabalho (e de brincadeiras) tão criativo, e ao diretor atual Joi Ito, por continuar ampliando a mágica, a unicidade e o impacto do Media Lab. Obrigado também a Pattie Maes, que foi minha colaboradora na liderança do programa acadêmico do Media Lab na última década.

Durante a preparação desta obra, foi um prazer trabalhar com minha agente Katinka Matson, da Brockman Inc., e com a equipe da MIT Press, incluindo a diretora Amy Brand, as editoras Susan Buckley e Kathleen Caruso, e a *designer* Yasuyo Iguchi. Em versões anteriores do original, recebi o oportuno *feedback* de Amos Blanton, Benjamin

Mako Hill, Mimi Ito, Natalie Rusk, Philipp Schmidt, Andrew Sliwinski, Frederikke Tømmergaard, entre outros. Carl Bowman ofereceu uma grande ajuda com as imagens e o *design* geral do livro. A estrutura do livro (projetos, paixão, pares e pensar brincando) veio do curso *on-line* Learning Creative Learning, que desenvolvi juntamente com Philipp Schmidt e Natalie Rusk.

Por último, meus mais profundos agradecimentos e admiração aos milhões de crianças e educadores do mundo todo que utilizaram as tecnologias e ideias desenvolvidas pelo grupo Lifelong Kindergarten. Fico sempre encantado e inspirado com suas ideias e seus projetos criativos.

Mitchel Resnick

Nota do autor

Toda a renda do livro original em inglês é doada à Scratch Foundation, a fim de expandir as oportunidades de aprendizagem criativa para crianças do mundo todo. Se achar as ideias deste livro interessantes, eu o incentivo a também fazer uma doação para a Scratch Foundation (scratchfoundation.org).

Apresentação à edição brasileira

A aprendizagem criativa existe no dia a dia das pessoas. Ela está presente na prática de educadores, em seu esforço de criar uma experiência significativa para seus alunos, e na prática de aprendizes, que mergulham de cabeça em um universo de experimentação e descoberta. Ela se faz no dia a dia de pesquisadores, empreendedores, artistas, pais e mães interessados pela educação. A nossa história com aprendizagem criativa começa com uma grande lição de que não se trata de algo novo ou importado, mas sim de algo presente e fortalecido na prática de milhares de educadores em todo o Brasil.

Educadores estes que não estão sozinhos. Educadores que são pioneiros e desbravadores, corajosos, solidários, entusiastas e crentes de um Brasil em que toda criança tem o direito e a capacidade de aprender. Educadores que, desde 2015, encontraram um espaço de troca e aprendizado na Rede Brasileira de Aprendizagem Criativa (RBAC), uma iniciativa apoiada pela Fundação Lemann e pelo MIT Media Lab, que tem o intuito de promover a aprendizagem criativa na educação pública brasileira.

O desafio não é pequeno. Basta lembrar que há 20 anos nasceram 3,6 milhões de crianças no Brasil. Destas, só 240 mil concluíram o ensino médio com aprendizagem adequada em matemática. E dois fatores a respeito desses números nos deixam indignados: o primeiro é a constatação de que esse índice representa menos de 7% de todas as pessoas que nasceram nesse período; o segundo é perceber que, mesmo nos dias atuais, nossa educação é pautada majoritariamente por conteúdos, havendo ainda pouco foco em competências.

Mas a realidade já está mudando. A Base Nacional Comum Curricular oferece uma janela de oportunidade única na história do Brasil, de refletir e mudar nossa educação. E, se aliada à prática da aprendizagem criativa, pode significar uma grande revolução. O Brasil é um país imensamente rico em sua diversidade, e acreditamos profundamente que a aprendizagem criativa pode ajudar a valorizar o que há de melhor em cada escola, em cada sala de aula, e criar experiências de aprendizagem que sejam mais mão na massa, significativas e colaborativas para crianças e adolescentes.

E é por esse motivo que a Fundação Lemann, em parceria com a Rede Brasileira de Aprendizagem Criativa, a Hub Educacional e a Faber-Castell, ajudou a trazer este livro para o Brasil. Com a publicação de *Jardim de infância para a vida toda: por uma aprendizagem criativa, mão na massa e relevante para todos** firmamos nosso apoio a educadores para promover uma educação de altíssima qualidade para todos e todas. Esperamos que ele seja fonte de inspiração, de reconhecimento e um guia para a aprendizagem criativa.

Uma ótima leitura!

Rede Brasileira de Aprendizagem Criativa
Fundação Lemann
Hub Educacional
Faber-Castell

---

* N. de R.T. Entendemos que, no Brasil, a expressão "jardim de infância" não é mais utilizada para tratar da educação infantil. Ainda assim, decidimos preservá-la em respeito à conexão do autor com o termo "kindergarten" (jardim de infância), além de seu trabalho como diretor do grupo Lifelong Kindergarten (Jardim de infância para a vida toda), no MIT Media Lab. Ao longo do texto, Mitchel Resnick explica como o espírito do jardim de infância, em seu contexto, influenciou as ideias propostas neste livro e seus mais de 30 anos de pesquisa em educação.

Prefácio à edição brasileira

Bem-vindo ao universo da aprendizagem criativa! Se você abriu este livro, provavelmente está intrigado com a forma com que o mundo tem avançado e busca alternativas para o modelo educacional atual.

A aprendizagem criativa tem ferramentas bem interessantes para explorarmos essas questões. E, para nos guiar nessa jornada, ninguém melhor do que o professor Mitchel Resnick, que desbrava esse território há várias décadas e é diretor do grupo de pesquisa Lifelong Kindergarten, do MIT Media Lab, grupo que deu nome a este livro e do qual faço parte há 18 anos.

Mitchel não apenas cunhou a expressão *aprendizagem criativa* como também dedica sua vida ao desenvolvimento de pesquisas e projetos que ajudem a aprendizagem criativa a se tornar realidade nas escolas, nos lares e em comunidades do mundo inteiro. Entre os projetos mais conhecidos do Lifelong Kindergarten encontram-se a rede de espaços de aprendizagem criativa Computer Clubhouse, os *kits* de robótica da LEGO e também o ambiente de programação Scratch, os quais já alcançaram milhões de jovens e crianças. Neste livro repleto de histórias e reflexões pessoais, Mitchel nos leva a conhecer os bastidores desses projetos e as ideias que os tornam tão especiais.

Ao embarcarmos rumo à aprendizagem criativa, é preciso ter em mente alguns pontos importantes. O primeiro é entender que, ainda que a expressão *aprendizagem criativa* seja recente, suas ideias não são de agora. Mais do que uma moda, a aprendizagem criativa pode ser entendida como um movimento em prol de uma educação mais relevante para todos, uma abordagem educacional que reúne várias correntes. A principal delas é o construcionismo, de Seymour Papert, que há mais de 50 anos pesquisa e defende o uso criativo da programação e da robótica na educação. A aprendizagem criativa também aproveita e remixa conceitos de Froebel, Piaget, Dewey, Montessori, Paulo Freire e outros educadores consagrados. Uma das grandes habilidades de Mitchel é justamente o de democratizar todo esse conhecimento de forma simples e exemplificar como ele pode ser aplicado na prática.

O segundo tópico a ser considerado diz respeito à tecnologia. Ainda que muitos dos exemplos do livro venham do MIT Media Lab e, por consequência, sejam ricos em tecnologia, vale notar que as ferramentas digitais, por si só, não são suficientes para transformarmos salas de aula em espaços de expressão, reflexão e colaboração. Infelizmente, há muitos casos em que até mesmo o Scratch e os *kits* da LEGO acabam sendo utilizados de forma não criativa. Como Mitchel ilustra, o mais importante é propiciar oportunidades que incentivem explorações lúdicas e a criação de projetos significativos. Quando aplicado de forma adequada, o computador pode ser uma ferramenta fantástica para isso. Porém, dependendo do objetivo educacional, às vezes sucata, materiais de artesanato e outros recursos do dia a dia podem ser tão ou mais relevantes para a atividade.

O terceiro aspecto que devemos compreender antes de embarcarmos nessa jornada talvez seja o mais importante. É fantástico ver tantos exemplos e experiências maravilhosos reunidos em um volume. No entanto, e no espírito da aprendizagem criativa, este livro não deve ser seguido ao pé da letra. Ele não traz receitas a serem reproduzidas, mas sim exemplos inspiradores para os leitores adaptarem e mesclarem na construção de algo significativo e apropriado para a realidade de cada um.

Vivemos em uma sociedade complexa, com transformações cada vez mais aceleradas e imprevisíveis. Muitas das profissões de hoje não existirão amanhã, e muitas das profissões de amanhã ainda não surgiram. A aprendizagem criativa busca um modelo educacional adequado ao nosso tempo. Um modelo que, inspirado em práticas pedagógicas lúdicas e engajantes para todas as idades, nutra pensadores criativos, pessoas felizes que se sintam confortáveis para enfrentar questões abertas, colaborar com gente diferente e lidar criativamente com os recursos ao seu redor.

Hoje, no Brasil, a distância entre escola e vida é impossível de se ignorar. Felizmente, a recente publicação da Nova Base Nacional Comum Curricular, aliada à crescente pressão da sociedade e das empresas, está criando uma oportunidade única de trazer a educação para o nosso século. A aprendizagem criativa pode ajudar nesse processo, mas precisamos de pessoas como você para torná-la realidade onde vivemos. É por isso que estamos tão felizes de vê-lo por aqui. Faça uma excelente viagem!

Leo Burd
Pesquisador do MIT Media Lab
Diretor do Lemann Creative Learning Program
Diretor da Rede Brasileira de Aprendizagem Criativa

Sumário

Apresentação à edição brasileira xiii

Prefácio à edição brasileira xv

1. **Aprendizagem criativa** 1
   De A a X 3
   Jardim de infância para a vida toda 6
   A espiral da aprendizagem criativa 10
   Dê uma chance aos Ps 13
   O que é criatividade — e o que não é 17
       Equívoco nº 1: a criatividade está restrita à expressão
       artística 17
       Equívoco nº 2: apenas uma pequena parte da população
       é criativa 18
       Equívoco nº 3: a criatividade é uma ideia que surge como
       um raio 18
       Equívoco nº 4: criatividade é algo que não
       se pode ensinar 19
   Tensões e compromissos: tecnologia 20
   Com a palavra, as crianças: Taryn 24

2. **Projetos** 29
   Pessoas que criam 31
   Aprender criando 34
   Brinquedos que fazem pensar 37
   Criatividade na tela 40
   Fluência 43
   Desenvolvendo seu pensamento 45
   Desenvolvendo sua voz 45

Desenvolvendo sua identidade 46
Tensões e compromissos: conhecimento 47
Com a palavra, as crianças: Joren 51

3. Paixão 55
Partindo de interesses 57
Paredes amplas 60
Diversão trabalhosa 63
Gamificação 66
Personalização 70
Tensões e compromissos: estrutura 73
Com a palavra, as crianças: Jaleesa 77

4. Pares 83
Muito além de Rodin 85
Comunidades de aprendizagem 88
    Pares complementares 90
    Equipes estendidas 91
    Subcomunidades 91
    Estúdio de *feedback* 92
    Serviços de consultoria 92
Abertura 93
Cultura de respeito 97
Ensino 101
Tensões e compromissos: conhecimento 106
Com a palavra, as crianças: Natalie 110

5. Pensar brincando 115
Ludicidade 117
Cercadinhos e parquinhos 120
Explorações lúdicas 124
Vários caminhos, vários estilos 129
Tente, tente de novo 133

Tensões e compromissos: avaliação	137
Com a palavra, as crianças: Jimmy	142

6. Sociedade criativa 145

As cem linguagens	147
Dez dicas para estudantes	150
1. Comece simples	151
2. Trabalhe em algo de que goste	151
3. Se não tiver ideia do que fazer, explore um pouco	152
4. Não tenha medo de experimentar	152
5. Encontre um amigo para trabalhar e compartilhar ideias	152
6. Não há nada de errado em copiar (para ter uma ideia)	153
7. Guarde suas ideias em um caderno de rascunhos	153
8. Monte, desmonte e monte de novo	154
9. Muitas coisas podem dar errado; prenda-se a isso	154
10. Crie suas próprias dicas de aprendizagem	155
Dez dicas para pais e professores	155
1. *Imaginar*: mostre exemplos para despertar ideias	156
2. *Imaginar*: incentive a exploração livre	156
3. *Criar*: forneça materiais diferentes	157
4. *Criar*: abrace todas as formas de fazer	157
5. *Brincar*: enfatize o processo, não o produto	158
6. *Brincar*: aumente o tempo para projetos	158
7. *Compartilhar*: faça o papel de "casamenteiro"	159
8. *Compartilhar*: envolva-se como colaborador	159
9. *Refletir*: faça perguntas (autênticas)	160
10. *Refletir*: compartilhe as próprias reflexões	160
Continuação da espiral	161
Dez dicas para *designers* e desenvolvedores	161
1. *Design* para *designers*	161
2. Apoie pisos baixos e tetos altos	162
3. Amplie as paredes	162

4. Conecte interesses e ideias 163
5. Priorize a simplicidade 163
6. Conheça (profundamente) as pessoas para quem você cria 164
7. Invente coisas que você mesmo quer usar 164
8. Monte uma pequena equipe de *design* multidisciplinar....................... 165
9. Controle o projeto, mas ouça a voz do povo 165
10. Repita, repita — e repita de novo... 166
O caminho em direção ao jardim de infância para a vida toda................. 166

Leituras e recursos complementares... 169

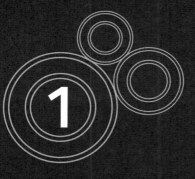

1

Aprendizagem criativa

DE A A X

Em 23 de agosto de 2013, conheci o presidente da Tsinghua University, a maior universidade de engenharia da China. Como sou professor no Massachusetts Institute of Technology (MIT) e a Tsinghua é conhecida como a *MIT da China*, não é de surpreender que nós dois nos encontrássemos. Talvez mais surpreendente tenha sido o local do encontro: a fábrica de brinquedos da LEGO, na Dinamarca.

O presidente da Tsinghua, Chen Jining, havia viajado para o Grupo LEGO em busca de uma nova abordagem de ensino e de aprendizagem. O governo chinês selecionou a Tsinghua para liderar uma iniciativa de reforma universitária abrangente em todo o território nacional. Chen reconheceu que o sistema educacional chinês enfrentava um sério problema – não apenas no nível universitário, mas em todo o sistema, desde as crianças mais novas. Segundo Chen, o sistema educacional chinês não estava preparando os estudantes para atender às necessidades de uma sociedade em desenvolvimento.

O problema não podia ser visto apenas com a análise das notas e pontuações em testes dos alunos. Na verdade, muitos estudantes chineses apresentavam um bom desempenho de acordo com as medições tradicionais. Na própria Tsinghua, quase todos os alunos receberam notas excelentes do ensino fundamental até o ensino médio, e muitos continuaram tirando nota A na Tsinghua. Chen os chama de *estudantes A*.

Mas Chen sabia que outras ações eram necessárias. Ele notou que muitos dos estudantes A, apesar das altas notas, não tinham o espírito criativo e inovador necessário para serem bem-sucedidos na sociedade atual. Chen argumentou que a China precisava de uma nova geração de alunos, que ele chamou de *estudantes X*. Explicou que os estudantes X são aqueles dispostos a assumir riscos e a experimentar coisas novas; são ávidos por definir os próprios problemas em vez de apenas resolver aqueles nos livros escolares. São os estudantes X que apresentam as ideias mais inovadoras e novas orientações criativas.

Chen afirmou que sua maior prioridade na Tsinghua era produzir mais estudantes X para a sociedade chinesa. Ele queria transformar sua universidade para que ela atraísse, incentivasse e apoiasse os estudantes X, e decidiu visitar o Grupo LEGO porque viu a empresa como uma possível aliada em sua missão. Ao ver as crianças construindo alegremente com peças LEGO, percebeu que elas estavam se desenvolvendo como pensadoras do estilo X, constantemente explorando, experimentando e testando os limites – e também se desenvolvendo como pensadoras criativas. Ele queria encontrar outras maneiras de cultivar esse estilo de pensamento na Tsinghua.

Embora Chen estivesse falando sobre alunos e escolas da China, a situação é semelhante no mundo todo. A maioria das escolas da maior parte dos países prioriza ensinar os estudantes a seguir instruções e normas (transformando-os em estudantes A), em vez de ajudá-los a desenvolver as próprias ideias, metas e estratégias (para tornarem-se estudantes X). Os objetivos e as abordagens dos sistemas educacionais do mundo inteiro mantiveram-se basicamente inalterados no último século, mas um número cada vez maior de pessoas como Chen está começando a reconhecer a necessidade de mudanças.

Parte da motivação para mudar é econômica. O ambiente de trabalho atual passa por uma transformação radical. Muitas profissões e cargos estão desaparecendo à medida que computadores e robôs assumem tarefas rotineiras (e inclusive outras menos comuns), e quase todos os trabalhos estão mudando, uma vez que as pessoas e os locais de trabalho devem se adaptar continuamente a um fluxo constante de novas tecnologias, fontes de informação e canais de comunicação. Em seu livro *Now you see it*, Cathy Davidson estima que aproximadamente dois terços dos estudantes do ensino fundamental de hoje trabalharão em alguma função que ainda não existe. Para que as pessoas consigam prosperar nesse cenário de constantes mudanças, a capacidade de pensar e agir de maneira criativa é mais importante do que nunca.

O pensamento criativo também é exigido fora do local de trabalho. O ritmo da mudança continua acelerando em todos os tipos de atividades, em todos os aspectos de nossas vidas. Os jovens de hoje serão confrontados com situações novas e inesperadas durante toda a vida. Eles precisam aprender a lidar com as incertezas e mudanças usando a criatividade, não só em suas vidas profissionais, mas também nos âmbitos pessoal (como desenvolver e manter amizades em uma era de redes sociais) e cívico (como ter uma participação significativa em comunidades com limites e necessidades em constante mudança).

Como podemos ajudar os jovens a se desenvolverem como pensadores criativos, para que estejam preparados para uma vida neste mundo em que tudo muda tão rapidamente? Essa é a questão fundamental deste livro, e é a questão que tem motivado meu trabalho (e minha vida) nas últimas três décadas.

Tenho a sorte de trabalhar no MIT Media Lab, um laboratório de pesquisa cheio de estudantes e pesquisadores X, pessoas que estão constantemente explorando novas ideias e criando possibilidades. É um ótimo ambiente para mim, mas me sinto frustrado com o fato de tão poucas pessoas terem acesso a esse tipo de oportunidades e inspirações. Meu objetivo é levar o espírito de criatividade e inovação do Media Lab para crianças do mundo todo, para que elas também possam crescer como pensadoras X.

Para que isso aconteça, meu grupo de pesquisa no Media Lab está concentrado em desenvolver tecnologias e atividades para envolver crianças em experiências de aprendizagem criativa. Nós trabalhamos em colaboração com o Grupo LEGO há mais de 30 anos, ajudando no desenvolvimento de novas gerações de *kits* de construção e a espalhar a mensagem da aprendizagem lúdica para novos parceiros, como a Tsinghua University. Também desenvolvemos a linguagem de programação e comunidade *on-line* Scratch, permitindo que milhões de jovens do mundo todo criem e compartilhem as próprias histórias interativas, jogos e animações. Além disso, ajudamos a estabelecer a rede Computer Clubhouse de centros de aprendizagem extracurricular, onde jovens de comunidades de baixa renda aprendem a se expressar de maneira criativa com novas tecnologias.*

Neste livro, minha inspiração vem de histórias e lições desses projetos para explorar o *porquê* e o *como* do pensamento criativo, ajudando a explicar por que ele é tão importante no mundo de hoje e compartilhando estratégias que podem ajudar os jovens a se desenvolverem como pensadores criativos.

Este livro é destinado a qualquer pessoa que se interesse por crianças, aprendizagem e criatividade, seja você uma mãe ou um pai que está escolhendo brinquedos e atividades para seus filhos, um

---

* N. de R.T. Computer Clubhouse foi o nome adotado originalmente por Mitchel Resnick e Natalie Rusk. Atualmente, o projeto é chamado Clubhouse Network. Ao longo do livro, a iniciativa Clubhouse será citada de diferentes maneiras, dependendo do contexto no qual Resnick está descrevendo: como local, ao mencionar uma unidade ou localização específica, como comunidade, rede e programa.

professor buscando novas maneiras de ajudar seus alunos a aprender, um administrador de escola implementando novas iniciativas educacionais, um *designer* criando produtos ou atividades para crianças ou simplesmente alguém que se interessa pelo assunto.

Espero que o livro desperte um interesse especial caso você tenha curiosidade (ou preocupação) sobre o papel das novas tecnologias na vida das crianças. Embora eu esteja ativamente envolvido no desenvolvimento de tecnologias para crianças, sou cético e preocupado com as maneiras como tantas tecnologias estão entrando na vida delas. A maior parte dos aplicativos e brinquedos altamente tecnológicos para crianças não é projetada para apoiar ou incentivar o pensamento criativo. Este livro traz uma visão alternativa: destaca o modo como novas tecnologias, se adequadamente projetadas e mantidas, podem expandir as oportunidades para que todas as crianças, nos mais diversos contextos, experimentem, explorem, se expressem e, durante esse processo, desenvolvam a habilidade de pensar criativamente.

Em meu trabalho, meu principal objetivo é termos um mundo de pessoas criativas – pessoas X – que constantemente desenvolvam novas possibilidades para si mesmas e para suas comunidades. Acredito que este livro seja muito atual: a necessidade de pensar criativamente nunca foi tão evidente, e novas tecnologias estão oferecendo maneiras inovadoras de ajudar os jovens a se desenvolverem como pensadores criativos. Mas também acredito que a mensagem principal do livro seja atemporal. O pensamento criativo sempre foi, e sempre será, uma parte fundamental daquilo que faz a vida valer a pena. Viver como um pensador criativo pode trazer não só recompensas financeiras, mas também alegria, realização, propósito e significado. As crianças não merecem nada menos que isso.

JARDIM DE INFÂNCIA PARA A VIDA TODA

Na passagem de 1999 para 2000, participei de uma conferência em que se debateu sobre as maiores invenções dos últimos mil anos. Alguns argumentaram que a impressora havia sido a invenção mais importante, enquanto outros disseram que a mais importante havia sido o motor a vapor, a lâmpada ou o computador.

Minha opinião sobre a maior invenção dos últimos mil anos? O jardim de infância.

Essa minha escolha pode parecer surpreendente. A maior parte das pessoas não vê o jardim de infância como uma invenção, muito menos como algo importante. No entanto, o jardim de infância é uma ideia relativamente nova (menos de 200 anos) e representa um importante ponto de partida de abordagens já existentes no ensino. Quando Friedrich Froebel abriu o primeiro jardim de infância do mundo na Alemanha, em 1837, não se tratava apenas de uma escola para crianças pequenas. Ele se baseava em uma abordagem de ensino radicalmente diferente daquela adotada pelas escolas que surgiram antes.

Embora Froebel não soubesse disso na época, ele estava criando uma abordagem de ensino ideal para as necessidades do século XXI, e que não se destinava apenas às crianças com cerca de 5 anos, mas aos alunos de todas as idades. Na realidade, enquanto eu pensava sobre maneiras de ajudar as pessoas a se desenvolverem como pensadoras criativas, grande parte de minha inspiração veio do modo como as crianças aprendem no jardim de infância. Eu usei a frase *Jardim de infância para a vida toda (Lifelong Kindergarten)* não só como o título deste livro, mas também como o nome do meu grupo de pesquisa no MIT. Estou certo de que a aprendizagem baseada no modelo do jardim de infância seja exatamente o que é preciso para ajudar pessoas de todas as idades a desenvolverem as capacidades criativas necessárias para prosperar na sociedade de hoje, que vive em constante mudança.

Antes de Froebel criar o primeiro jardim de infância, em 1837, a maioria das escolas se baseava no que se pode chamar de *abordagem de transmissão* na educação, ou seja, o professor ficava de frente para a turma na sala de aula e transmitia informações. Os estudantes sentavam-se em suas cadeiras e escreviam cuidadosamente as informações, palavra por palavra. Em alguns momentos, repetiam o que tinham escrito. Discussões em sala de aula, quando existiam, eram raras.

Froebel sabia que essa abordagem não funcionaria para estudantes com cerca de 5 anos de idade. Ele percebeu que as crianças mais novas aprendiam melhor interagindo com o mundo ao seu redor. Assim, ao estabelecer o primeiro jardim de infância, Froebel passou de um modelo educacional baseado na transmissão para um modelo interativo, dando às crianças oportunidades de interagir com brinquedos, materiais de artesanato e outros objetos. Mas Froebel não estava satisfeito com os brinquedos e materiais que existiam na época. Ele começou a criar novos tipos de brinquedos, desenvolvidos especificamente para auxiliar nos objetivos de seu novo jardim de infância.

Ao todo, Froebel criou uma coleção de 20 brinquedos, que ficaram conhecidos como *presentes de Froebel*. Com as peças geométricas de Froebel, as crianças podiam criar padrões de mosaicos, como aqueles encontrados nos pisos parquê. Com os blocos de Froebel, as crianças podiam construir torres e prédios. Com os papéis coloridos de Froebel, podiam aprender técnicas de dobradura do estilo origami, para criar formas e padrões. Com os palitinhos e as ervilhas de Froebel, podiam montar estruturas tridimensionais.

Todas essas atividades visavam a ensinar às crianças a apreciar as formas, padrões e simetrias do mundo natural. Froebel queria que elas compreendessem melhor o mundo ao seu redor, e percebeu que uma das melhores maneiras de fazer isso era permitindo que elas criassem modelos do mundo, a fim de "recriar" o mundo através de seus próprios olhos e com suas próprias mãos. Esse foi o principal objetivo dos presentes de Froebel: compreender por meio da "recriação".

Ele também reconheceu a conexão entre a *recriação* e a *recreação*. Entendeu que as crianças do jardim de infância tornavam-se mais propensas a criar e a construir quando eram envolvidas em atividades lúdicas e imaginativas. Então, desenvolveu seus presentes para que fossem estruturados e sistemáticos, mas, ao mesmo tempo, divertidos e envolventes. Os presentes de Froebel quebram muitas barreiras, combinando arte e *design* com ciência e engenharia, e, ao fazer isso, proporcionam um ambiente propício para o envolvimento das crianças no pensamento e expressão criativos.

As ideias de Froebel e seus presentes chamaram muita atenção, primeiramente na Alemanha, depois em toda a Europa e, por fim, nos Estados Unidos. Seu trabalho teve grande influência sobre outros teóricos da educação. Maria Montessori se baseou nas ideias de Froebel, adotando, especialmente, a importância de envolver os sentidos das crianças por meio de materiais físicos que pudessem ser manipulados. A rede de escolas que leva o nome de Montessori deve crédito a Froebel e às ideias dele.

Em seu maravilhoso livro *Inventing kindergarten*, Norman Brosterman registra a influência do jardim de infância e, particularmente, dos presentes de Froebel, sobre a cultura e a criatividade no século XX. Muitos dos principais artistas e *designers* desse século mencionaram suas experiências no jardim de infância como responsáveis pela base de sua criatividade posterior. Buckminster Fuller, por exemplo, usou os palitinhos e as ervilhas de Froebel para fazer experiências com estruturas triangulares no jardim de infância e, mais tarde, creditou essas explorações iniciais como a base de seu trabalho sobre domos geodésicos. Da mesma forma, Frank Lloyd Wright afirmou que suas experiências da juventude com os presentes de Froebel serviram como ponto de partida para seu estilo de arquitetura.

Alguns dos mais populares criadores de brinquedos e materiais educacionais interativos também foram inspirados pelas ideias de Froebel. Blocos de madeira, peças LEGO, barras Cuisenaire, quebra-cabeças e jogos de montar podem ser vistos como descendentes dos presentes de Froebel.

Embora tal influência seja observada em diversos jardins de infância ao redor do mundo, ainda existem tendências preocupantes. Hoje em dia, em muitos jardins de infância, as crianças passam o tempo preenchendo fichas de matemática e praticando com cartões de aprendizagem fônica. O foco maior é dado às instruções de alfabetização precoce, diminuindo o tempo para explorações lúdicas. Algumas pessoas chamam os jardins de infância de hoje de *campo de treinamento de alfabetização*.

No dia 23 de março de 2014, o jornal *The Washington Post* divulgou um artigo sobre uma professora experiente do jardim de infância, Susan Sluyter, que acabou pedindo demissão. Sluyter explicou a decisão:

> Quando comecei a ensinar, há mais de 25 anos, a exploração mão na massa, a investigação, a alegria e o amor pela aprendizagem caracterizavam as salas de aulas de alunos no início da infância.

> Eu descreveria o momento em que vivemos hoje como tempos de provas, coleta de dados, competição e punição. Aquele que quiser encontrar alegria e diversão nas salas de aula de hoje enfrentará muitas dificuldades.
>
> [...] Existe uma pressão nacional, relacionada à pressão pelo aumento das características acadêmicas nas salas de aula das crianças mais jovens, para se eliminar o brincar das salas de jardim de infância. Muitos jardins de infância por todo o país não têm mais mesas de areia, áreas de montagem, áreas para pequenas encenações, centros de artes e atividades manuais. Este é um movimento extremamente desinformado, uma vez que todos os especialistas em primeira infância relatam que as crianças de 4 a 6 anos aprendem muito mais por meio do brincar.

Resumidamente, o jardim de infância está se igualando ao restante da escola. Neste livro, defendo exatamente o oposto: acredito que o restante da escola (na realidade, o restante da vida) deva se tornar mais parecido com o jardim de infância.

A ESPIRAL DA APRENDIZAGEM CRIATIVA

O que existe de tão especial na abordagem do jardim de infância para a aprendizagem? Por que acredito que esse seja um bom modelo para os estudantes de todas as idades?

Para entender melhor a abordagem da aprendizagem como em um jardim de infância para a vida toda, é interessante pensar em uma atividade típica desse nível de ensino. Imagine um grupo de crianças brincando no chão com vários blocos de madeira. Duas delas começam a construir um castelo, inspiradas na história do conto de fadas lida pela professora. Elas constroem a base do castelo e, depois, passam a construir uma torre de observação em cima. Continuam colocando mais blocos e, assim, a torre fica cada vez mais alta. Por fim, a torre se inclina e cai no chão. As crianças começam a construir de novo, tentando deixar a torre mais estável. Enquanto isso, outra criança começa a contar uma história sobre a família que vive dentro do castelo. Seus amigos colaboram com a história, trazendo um novo personagem. As duas crianças vão e vem, incrementando continuamente a história. À medida que o castelo cresce, a história aumenta.

Enquanto as crianças do jardim de infância brincam, elas aprendem muitas coisas. Ao construir torres, desenvolvem uma melhor compreensão sobre estruturas e estabilidade, e, ao criar histórias, desenvolvem uma compreensão mais aprofundada sobre enredos e personagens. E o mais importante, aprendem sobre o processo criativo e começam a se desenvolver como pensadoras criativas.

Gosto de pensar sobre o processo criativo em função da *espiral da aprendizagem criativa*. Enquanto as crianças do jardim de infância brincam com peças de montar, constroem castelos e contam histórias, elas se envolvem com todos os aspectos do processo criativo:

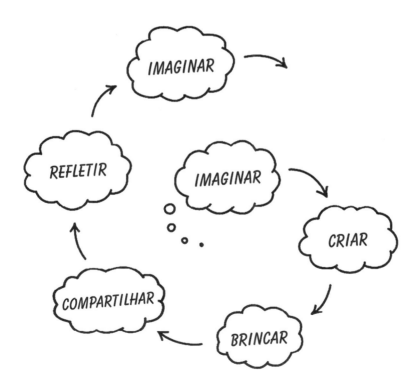

- **Imaginar:** em nosso exemplo, as crianças começam a imaginar um castelo de fantasia e a família que vive nele.
- **Criar:** imaginar não é suficiente. As crianças transformam as ideias em ações, criando um castelo, uma torre ou uma história.
- **Brincar:** as crianças estão sempre interagindo e fazendo experiências com suas criações, tentando construir uma torre mais alta ou trazendo novas possibilidades para a história.
- **Compartilhar:** um grupo de crianças colabora na construção do castelo, outro grupo ajuda na criação da história e os dois grupos compartilham ideias entre si. Cada novo acréscimo ao castelo inspira uma nova história e vice-versa.
- **Refletir:** quando a torre cai, a professora se aproxima e incentiva as crianças a refletirem sobre por que ela caiu. Como elas poderiam criar uma torre mais estável? A professora mostra imagens de edifícios, e as crianças percebem que a parte inferior deles é mais ampla do que os topos. Elas decidem reconstruir a torre com uma base maior do que a anterior.
- **Imaginar:** com base nas experiências que passam pela espiral, as crianças imaginam novas ideias e novas orientações. E se criarmos uma aldeia em volta do castelo? E se criarmos um teatro de fantoches sobre a vida na aldeia?

Essa espiral de aprendizagem criativa é repetida inúmeras vezes no jardim de infância. Os materiais variam (blocos de madeira, lápis de cor, purpurina, cartolina colorida) e as criações também (castelos, histórias, imagens, músicas), mas o processo básico é o mesmo.

A espiral de aprendizagem criativa é o motor do pensamento criativo. À medida que as crianças do jardim de infância percorrem a espiral, elas desenvolvem e refinam suas habilidades como pensadoras criativas, aprendem a desenvolver as próprias ideias, testá-las, experimentar alternativas, obter as opiniões de outras pessoas e criar ideias baseadas em suas experiências.

Infelizmente, após o jardim de infância, a maioria das escolas se distancia da espiral da aprendizagem criativa. Os estudantes passam grande parte do tempo sentados em suas cadeiras, preenchendo planilhas e ouvindo as lições, seja de um professor na sala de aula, seja de um vídeo no computador. Na maioria das vezes, as escolas enfatizam a transmissão de instruções e informações em vez de auxiliar os estudantes no processo de aprendizagem criativa.

Não precisa ser dessa forma. Em nosso programa de pós-graduação do MIT Media Lab, voltado ao uso criativo de novas tecnologias, adotamos uma abordagem inspirada no jardim de infância: os estudantes passam pouquíssimo tempo na sala de aula. Em vez disso, eles estão sempre trabalhando em projetos, orientados pela espiral da aprendizagem criativa. Eles trabalham em diversos tipos de projetos: alguns criam instrumentos musicais interativos para dar suporte a novas formas de expressão musical, enquanto outros desenvolvem próteses para as pessoas que perderam membros do corpo. Ainda assim, o processo de *design* é semelhante em todos os casos: os estudantes criam protótipos rapidamente, fazem experimentos com eles, compartilham-nos com colegas e refletem sobre o que aprenderam. Aí, chega o momento de imaginar a próxima versão do protótipo, e eles voltam à espiral muitas e muitas vezes.

É claro que os estudantes do Media Lab utilizam ferramentas e tecnologias muito diferentes daquelas usadas pelas crianças no jardim de infância, como microcontroladores e cortadores a *laser* em vez de pinturas a dedo e blocos de madeira, mas a espiral da aprendizagem criativa é a mesma. O Media Lab é reconhecido em todo o mundo por sua criatividade e inovação, e eu não tenho dúvidas de que nossa abordagem de aprendizagem baseada em projetos, que tem como referência a espiral da aprendizagem criativa, ofereça a base para essa criatividade.

A espiral da aprendizagem criativa funciona no jardim de infância da mesma maneira que no MIT Media Lab. O que podemos fazer para que ela ganhe força em outros lugares?

DÊ UMA CHANCE AOS PS

Em 2007, meu grupo de pesquisa no MIT lançou a linguagem de programação Scratch. Na última década, dezenas de milhões de crianças do mundo inteiro usaram o Scratch para criar suas próprias animações, jogos e histórias interativas, bem como para compartilhar o que criaram umas com as outras na comunidade *on-line* do Scratch (scratch.mit.edu).

Uma das primeiras crianças a testar o Scratch, em 2007, foi uma menina de 11 anos de idade da Califórnia, Estados Unidos, que se cadastrou com o nome de usuário MahoAshley. Sua grande paixão era o estilo de arte japonês conhecido como *anime*, caracterizado por imagens coloridas e personagens vibrantes. MahoAshley adorava desenhar personagens de *anime* e percebeu que o Scratch oferecia uma maneira de ampliar seu trabalho. Em vez de apenas desenhar os personagens, como já havia feito antes, ela podia usar o Scratch para dar vida a eles. Ao combinar os blocos de programação do Scratch, MahoAshley podia fazer seus personagens de *anime* se moverem, dançarem, falarem e cantarem.

MahoAshley começou a programar histórias animadas com esses personagens e a compartilhar suas animações no *site* do Scratch. Outros membros da comunidade Scratch reagiram com muito entusiasmo, publicando comentários incríveis nos projetos dela (como "MEU DEUS, AMEI!!!!") e também dúvidas sobre como ela havia conseguido obter alguns efeitos visuais (p. ex., "Como você faz um personagem ficar transparente?"). Com tantos incentivos, MahoAshley começou a criar e a compartilhar projetos no Scratch regularmente, como episódios de uma série de TV. Seus fãs na comunidade Scratch esperavam ansiosamente por cada novo episódio de MahoAshley.

Às vezes, MahoAshley adicionava novos personagens à série. Um dia, ela teve uma ideia: por que não envolver toda a comunidade Scratch no processo? Ela criou um projeto Scratch que anunciava um concurso, pedindo que os integrantes da comunidade desenhassem uma irmã para um dos personagens. O projeto listava uma série de exigências para o novo personagem, incluindo "Deve ter cabelo vermelho ou azul, você pode escolher" e "Deve ter orelhas de gato ou chifres de carneiro, ou uma mistura dos dois".

O projeto recebeu mais de 100 comentários e dezenas de submissões. Um dos comentários era de um membro da comunidade que queria participar do concurso, mas não sabia desenhar personagens de *anime*. Então, MahoAshley lançou outro projeto Scratch: um tutorial passo a passo que demonstrava um processo de 13 etapas sobre como desenhar e colorir personagens de *anime*.

Ao longo de um ano, MahoAshley programou e compartilhou mais de 200 projetos Scratch de diversos tipos: histórias, *quizzes*, tutoriais e muitos outros. Suas habilidades artísticas e de programação progrediram, e seus projetos tiveram grande repercussão na comunidade Scratch, recebendo mais de 12 mil comentários.

Antes de usar o Scratch, MahoAshley nunca havia criado um programa de computador. Ao trabalhar com o Scratch, ela estava claramente aprendendo novos conceitos e habilidades de ciência da computação, mas, na minha opinião, isso não foi o mais importante sobre as suas experiências no Scratch. Para mim, o mais impressionante foi o fato de MahoAshley ter se desenvolvido como uma pensadora criativa. Ela percorria continuamente a espiral da aprendizagem criativa: imaginando, criando, brincando, compartilhando, refletindo e, então, imaginando novamente.

MahoAshley estava aprendendo a navegar em um ambiente novo e desconhecido, a transformar suas ideias em projetos e a testá-las em novos tipos de projetos. Foi assim, também, que ela aprendeu a colaborar com outras pessoas e a adaptar seu trabalho com base na opinião delas. Tudo isso são características de um pensador criativo.

Como podemos incentivar e apoiar esses tipos de experiências de aprendizagem criativa? Em meu grupo de pesquisa no MIT, desenvolvemos um conjunto de quatro princípios orientadores para ajudar os jovens a se desenvolverem como pensadores criativos: projetos, paixão, pares e pensar brincando.* Resumidamente, acreditamos que a melhor maneira de cultivar a criatividade seja ajudando as pessoas a trabalharem em *projetos* baseados em suas *paixões*, em colaboração com *pares* e mantendo o espírito do *pensar brincando*.

Nosso desenvolvimento contínuo do Scratch é guiado por esses *quatro Ps da aprendizagem criativa*:

- **Projetos:** criar projetos é a atividade básica da comunidade Scratch. Ao trabalhar com o Scratch, MahoAshley estava sempre criando projetos, percorrendo a espiral da aprendizagem criativa, e desenvolvendo uma compreensão mais profunda sobre o processo criativo.

---

* N. de T. A palavra *play*, usada no texto original, tem vários significados em português, incluindo, entre outros, o de "brincar" ou "jogar". No caso, optou-se por traduzi-la como "pensar brincando", remetendo não somente à brincadeira em si, mas à experiência de aprender pela livre experimentação, pelo brincar durante a exploração de materiais, ferramentas e modos de criar.

- **Paixão:** quando as pessoas trabalham em projetos pelos quais têm interesse, elas se dispõem a trabalhar por mais tempo e se esforçam mais. Como o Scratch dá suporte a diferentes tipos de projetos (jogos, histórias, animações e muitos outros), todos podem trabalhar nos projetos de que gostam. No caso de MahoAshley, ela podia criar projetos vinculados à sua paixão por *anime*, além de se dedicar a novos tipos de projetos (concursos e tutoriais) à medida que novas ideias fossem surgindo.
- **Pares:** a criatividade é um processo social, no qual as pessoas colaboram, compartilham e constroem a partir do trabalho umas das outras. Integrando a programação a uma comunidade *on-line*, o Scratch foi desenvolvido para a interação social. MahoAshley aproveitou ao máximo o aspecto social do Scratch, compartilhando seus conhecimentos com a comunidade (por meio dos tutoriais) e pedindo a opinião de outros membros (por meio de concursos e comentários).
- **Pensar brincando:** o Scratch foi desenvolvido para apoiar explorações lúdicas como uma via para a criatividade, incentivando os jovens a assumir riscos e a testar coisas novas. MahoAshley adotou esse espírito de exploração livre, sempre fazendo experiências com novos tipos de projetos e novas maneiras de interagir com a comunidade.

Os quatro Ps não representam exatamente novas ideias, ou seja, eles se baseiam em décadas de trabalho de diversos pesquisadores do mundo todo, mas eu vejo esses quatro Ps como uma estrutura valiosa para guiar meu trabalho. Em meu grupo de pesquisa, estamos sempre pensando em projetos, paixões, pares e pensar brincando, quando desenvolvemos novas tecnologias e atividades.

E os quatro Ps não são uma exclusividade dos pesquisadores universitários. Eles podem servir como uma estrutura muito útil para professores, pais e qualquer pessoa interessada em apoiar a aprendizagem criativa. Por isso, organizei os capítulos deste livro em função dos quatro Ps. Você só precisa lembrar: dê uma chance a eles.

O QUE É CRIATIVIDADE — E O QUE NÃO É

Nem todos concordam sobre o valor e a importância do pensamento criativo na sociedade atual. Parte do problema existe porque não há um consenso sobre o que significa ser criativo. Pessoas diferentes entendem a criatividade de maneiras muito diferentes, por isso, não surpreende o fato de elas não concordarem sobre seu valor e importância. Quando conversei com as pessoas sobre criatividade, encontrei diversos conceitos equivocados.

EQUÍVOCO Nº 1: A CRIATIVIDADE ESTÁ RESTRITA À EXPRESSÃO ARTÍSTICA

Nós valorizamos e admiramos pintores, escultores e poetas pela criatividade que eles têm, mas outros tipos de pessoas também podem ser criativos. Cientistas podem ser criativos quando desenvolvem novas teorias. Médicos podem ser criativos quando diagnosticam doenças. Empreendedores podem ser criativos quando desenvolvem novos produtos. Assistentes sociais podem ser criativos quando sugerem estratégias para famílias em dificuldades. Políticos podem ser criativos quando desenvolvem novas políticas.

Acredito que a associação comum da criatividade à expressão artística contribui para que a criatividade seja subestimada na mente de muitos pais. Quando falo com os pais sobre criatividade, eles costumam presumir que eu esteja falando sobre expressão artística, porque a maioria não vê como prioridade o fato de seus filhos conseguirem se expressar artisticamente; eles dizem que seria "legal" se seus filhos fossem criativos, mas não veem isso como algo fundamental. Para contornar essa linha de raciocínio, geralmente falo em *pensamento criativo* em vez de *criatividade*. Quando os pais ouvem falar em *pensamento criativo*, se tornam menos propensos a focar em expressões artísticas e mais abertos a ver isso como algo essencial para seus filhos no futuro.

EQUÍVOCO Nº 2: APENAS UMA PEQUENA PARTE DA POPULAÇÃO É CRIATIVA

Algumas pessoas acham que as palavras *criativo* e *criatividade* só deveriam ser usadas para se referir a invenções e ideias totalmente novas para o mundo. Nessa visão, os vencedores de Prêmios Nobel e artistas cujas obras são expostas em grandes museus são criativos, mas não o resto de nós.

Os pesquisadores que se dedicam a esse assunto às vezes se referem a esse tipo de criatividade como *Criatividade com C maiúsculo*. Eu estou mais interessado naquilo que os pesquisadores chamam de *criatividade com c minúsculo*. Um exemplo de criatividade com c minúsculo é quando temos uma ideia que é útil para o nosso dia a dia. Não importa se centenas, ou milhares, de pessoas já tiveram ideias parecidas antes: se a ideia é nova e útil, trata-se da criatividade com c minúsculo. A invenção do clipe de papel foi uma Criatividade com C maiúsculo; sempre que alguém tem uma nova ideia de como usar um clipe de papel no dia a dia, trata-se da criatividade com c minúsculo.

Muitas vezes, os educadores dão atenção demais para a Criatividade com C maiúsculo, deixando a criatividade com c minúsculo de lado. Há alguns anos, eu fiz uma apresentação sobre criatividade para um grupo de educadores. Ao final, durante a sessão de perguntas, um educador disse que era muito importante que nós desenvolvêssemos melhores métodos para avaliar a criatividade, para podermos identificar os estudantes com maior capacidade de serem criativos. Na minha opinião, essa é exatamente a visão equivocada. Todos podem ser criativos (com c minúsculo), e precisamos ajudar todos a atingirem seu potencial completo de criatividade.

EQUÍVOCO Nº 3: A CRIATIVIDADE É UMA IDEIA QUE SURGE COMO UM RAIO

Histórias populares sobre criatividade costumam envolver um *momento Arrá!*. Arquimedes gritou "Eureca!" na banheira quando percebeu que podia calcular o volume de objetos de formato irregular mergulhando-os na água (e medindo a quantidade de água deslocada). Isaac Newton reconheceu a natureza universal da força da gravidade quando estava sentado debaixo de uma macieira e foi atingido na cabeça por uma maçã. August Kekule entendeu a estrutura do anel de benzeno depois de um devaneio sobre uma cobra que comia o próprio rabo.

Mas esses momentos "Arrá!", se é que existem, são apenas uma pequena parte do processo criativo. A maioria dos cientistas, inventores e artistas reconhece que a criatividade é um processo de longo prazo. Constantin Brancusi, um dos pioneiros da arte moderna, escreveu: "Ser criativo não significa ser atingido por um raio de Deus. Significa ter um objetivo claro e uma paixão". Thomas Edison tem uma célebre frase que diz que a criatividade é 1% inspiração e 99% transpiração.

Mas o que a pessoa faz enquanto transpira? Que tipo de atividade precede o momento "Arrá!"? Não se trata apenas de se esforçar muito. A criatividade é desenvolvida a partir de um determinado tipo de esforço, que combina a exploração curiosa com a experimentação lúdica e a investigação sistemática. Pode até parecer que novas ideias e visões vêm como um raio, mas elas costumam acontecer depois de muitos ciclos de imaginação, criação, exploração lúdica, compartilhamento e reflexão, ou seja, depois de percorrer repetidamente a espiral da aprendizagem criativa.

EQUÍVOCO Nº 4: CRIATIVIDADE É ALGO QUE NÃO SE PODE ENSINAR

Todos sabem que os bebês vêm ao mundo cheios de curiosidade. Eles querem tocar, interagir, explorar e entender. À medida que crescem, eles querem se expressar, ou seja, falar, cantar, desenhar, construir e dançar.

Algumas pessoas acreditam que a melhor maneira de apoiar a criatividade das crianças seja deixar o caminho livre para elas: não tente ensiná-las a serem criativas, dê espaço a elas e deixe a curiosidade natural cumprir seu papel.

Eu tenho certa simpatia por esse ponto de vista. É verdade que as estruturas rígidas de algumas escolas e lares podem reprimir a curiosidade e criatividade das crianças. Também concordo que não se pode ensinar criatividade, se *ensinar* estiver relacionado a dar às crianças um conjunto claro de regras e instruções de como ser criativo.

Mas podemos *nutrir* a criatividade. Todas as crianças nascem com a capacidade de ser criativas, mas essa criatividade não se desenvolverá, necessariamente, sozinha. Ela precisa ser nutrida, incentivada, apoiada. O processo é semelhante ao trabalho de um jardineiro que cuida de suas plantas, criando um ambiente no qual elas possam florescer. Da mesma forma, podemos criar um ambiente de aprendizagem onde a criatividade floresça.

Portanto, sim, é *possível* ensinar alguém a ser criativo, contanto que vejamos o *ensino* como um processo orgânico e interativo. Na realidade, é disso que este livro trata.

TENSÕES E COMPROMISSOS: TECNOLOGIA

Não é fácil cultivar a criatividade nos lares e escolas. Mesmo quando pais e educadores reconhecem e apreciam o valor do pensamento criativo, eles enfrentam muitas tensões e compromissos ao tentar implementar estratégias que o incentivem e apoiem. Por isso, incluí seções que exploram um pouco dessas tensões e compromissos no livro todo. Neste capítulo, vamos nos concentrar no papel das novas tecnologias na aprendizagem das crianças.

As discussões sobre novas tecnologias estão cada vez mais polarizadas. De um lado, estão as pessoas que podem ser chamadas de *tecnoentusiastas:* elas tendem a ficar animadas com as possibilidades de quase todas as tecnologias — quanto mais novas, melhor. De outro, estão as pessoas que vamos chamar de *tecnocéticas:* elas se preocupam com os impactos negativos das novas tecnologias, preferem que as crianças passem mais tempo com brinquedos tradicionais e em atividades ao ar livre e menos tempo em frente às telas.

Eu fico frustrado com os dois lados. Vou explicar por que, e também explorar como podemos enxergar as coisas de outra forma.

Vamos começar com os tecnoentusiastas. Com as tecnologias digitais desempenhando um papel cada vez mais importante em todas as áreas da cultura e da economia, dificilmente nos surpreendemos com pessoas entusiasmadas com o uso de novas tecnologias para aprimorar o ensino e a educação. E com as crianças passando cada vez mais tempo jogando em seus *smartphones*, *tablets* e computadores, também não é de se surpreender que os educadores tentem integrar os jogos às atividades em sala de aula, esperando tirar proveito do alto nível de motivação e envolvimento que as crianças demonstram quando estão se divertindo com os jogos eletrônicos.

Existe certa lógica em tudo isso, mas há também um problema. Quase sempre, os criadores de materiais e atividades educacionais apenas acrescentam uma fina camada de tecnologia e jogos sobre um currículo e pedagogia antiquados; é como se passássemos batom em um porquinho.

Em uma das salas de aula que visitei, havia uma grande tela diante dos estudantes, e cada um tinha um *laptop* conectado à internet. O professor fazia perguntas, e os alunos inseriam suas respostas nos *laptops*. Na tela grande, para que todos pudessem ver, havia uma lista de quais estudantes haviam respondido à pergunta corretamente, bem como o tempo que cada um deles levou para responder. Os alunos ganhavam pontos com base na velocidade e na precisão das respostas, e a tela mostrava o resultado de suas pontuações.

O *software* era bem projetado, e o professor estava feliz por ter acesso fácil a dados bem organizados sobre o desempenho dos estudantes. Não tenho dúvidas de que alguns dos alunos tenham achado essa abordagem semelhante a um jogo muito motivadora, mas também tenho certeza de que alguns deles acharam tudo muito desmotivador. Além disso, essa atividade dá ênfase às perguntas que podem ser respondidas rapidamente com "certo" e "errado"; com certeza não são o tipo de perguntas às quais eu daria prioridade em uma sala de aula.

A atividade me fez lembrar de minhas próprias experiências no 4º ano, quando o professor reorganizava as mesas todas as segundas-feiras, com base nas notas que tirássemos no teste de ortografia da sexta-feira anterior. Acredito que essa classificação semanal de alta visibilidade era ruim para todos os alunos, tanto para os que ficavam na primeira fileira quanto para aqueles na última. Foi doloroso para mim ver a mesma abordagem pedagógica sendo repetida décadas mais tarde, com maior eficiência graças às novas tecnologias.

No entanto, me sinto igualmente frustrado com os tecnocéticos. Em vários casos, os céticos utilizam dois pesos e duas medidas quando o assunto é novas tecnologias *versus* tecnologias "antigas". Preocupam-se com o impacto antissocial de uma criança que passa horas em um computador, mas não parecem ter nenhuma preocupação com a criança que passa o mesmo tempo lendo um livro; acreditam que a criança que interage com computadores não passa tempo suficiente ao ar livre, mas não expressam pensamentos semelhantes sobre a criança que toca instrumentos musicais. Não estou sugerindo que não existam motivos para se preocupar, estou apenas questionando a coerência dessas preocupações.

Quando as tecnologias digitais começaram a entrar na vida das crianças, uma organização chamada Alliance for Childhood publicou um artigo chamado "*Fool's gold: a critical look at computers in childhood*", que defende que "ferramentas pouco tecnológicas, como lápis de cor, aquarela e papel, nutrem as capacidades internas da criança e a incentivam a se movimentar livremente no mundo real, se relacionar diretamente com ele e compreendê-lo". Eu concordo com isso, mas o mesmo pode ser válido para as ferramentas de alta tecnologia. A construção e a programação de uma escultura robótica não podem igualmente "nutrir as capacidades internas da criança"?

As pessoas tendem a esquecer que lápis de cor e aquarela eram vistos como "tecnologias avançadas" em algum momento do passado. Nós os vemos de outra forma hoje porque esses objetos já foram integrados à nossa cultura. O pioneiro da computação, Alan Kay, gosta de dizer que a tecnologia é qualquer coisa inventada após nosso nascimento. Para as crianças de hoje, os *laptops* e os *smartphones* não são ferramentas de alta tecnologia e sim do cotidiano, assim como os lápis de cor e as aquarelas.

Acho que me sinto particularmente incomodado com os tecnocéticos, não porque *discordo* deles em vários aspectos, mas porque *concordo* com eles em tantos outros. A maioria dos tecnocéticos tem objetivos e valores muito semelhantes aos meus: é profundamente comprometida em dar às crianças oportunidades de desenvolvimento da imaginação e da criatividade. E porque temos objetivos e valores tão parecidos, eu realmente gostaria que eles vissem as novas tecnologias como eu as vejo; gostaria que percebessem as possibilidades de expansão do pensamento criativo e da expressão criativa das crianças. Quando os tecnocéticos veem uma tecnologia nova, porém, eles parecem enxergar apenas os desafios, e não as possibilidades.

Atualmente, as preocupações sobre o papel de novas tecnologias na vida das crianças geralmente são expressadas em função do *tempo diante de telas*. Pais e professores estão tentando decidir se devem definir limites sobre o tempo que as crianças passam interagindo com elas. Acho que essa é uma discussão que não vem ao caso. É claro que temos um problema se a criança dedica todo o tempo que tem interagindo com as telas, assim como teríamos um problema se ela passasse todo seu tempo tocando violino, lendo livros ou praticando esportes. Empregar todo o tempo disponível em uma única coisa é algo problemático. Entretanto, a questão mais importante quanto ao tempo diante das telas não diz respeito à quantidade, e sim à qualidade. Há muitas maneiras de interagir com as telas, e não faz sentido tratar todas elas como se fossem iguais. O tempo gasto em um jogo violento é diferente do tempo gasto enviando mensagens para os amigos que, por sua vez, é diferente do tempo gasto em uma pesquisa para um trabalho da escola, que é diferente do tempo gasto na criação de um projeto Scratch.

Em vez de tentar minimizar o tempo diante das telas, acredito que pais e professores devam tentar maximizar o tempo de criatividade. O foco não deve ser quais tecnologias as crianças estão usando, mas o que elas estão fazendo com as ferramentas. Alguns usos de novas tecnologias promovem o pensamento criativo, enquanto outros o restringem, e o mesmo se aplica às tecnologias antigas. Em vez de tentar escolher entre muita tecnologia, pouca tecnologia e nenhuma tecnologia, pais e professores deveriam procurar atividades que envolvam as crianças no pensamento e expressão criativos.

COM A PALAVRA, AS CRIANÇAS: TARYN

Para entender o valor e as possibilidades do jardim de infância para a vida toda, é importante ouvir a voz dos jovens que estão vivendo essa experiência, por isso encerro cada capítulo entrevistando alguém que cresceu envolvido com tecnologias e projetos do grupo de pesquisa do MIT. A primeira entrevista é com Taryn, uma menina de 16 anos da África do Sul, que há muito tempo é membro da comunidade *on-line* Scratch, onde é conhecida como bubble103.

Eu: Como você começou a usar o Scratch?

Taryn: Eu comecei em uma aula de informática em minha escola, quando tinha 10 anos. Era uma aula só, e o professor dizia: coloque os blocos em ordem, faça isso, faça aquilo. Eu não gostei muito, e tentei brincar com o Scratch em casa. A primeira coisa que fiz sozinha, aos 10 anos de idade, foi uma animação de um bebê voando em uma caixa. Mas não consegui fazer funcionar, então parei de brincar com ela.

Um ano depois, vi minha amiga fazendo um jogo com o Scratch e perguntei: "Como você fez isso?". Foi então que tudo começou. Essa foi minha primeira colaboração. Nós colocamos um *laptop* velho sobre a cama, começamos a criar coisas e tentávamos roubar o *mouse* uma da outra... foi muito divertido. Essa é uma de minhas lembranças preferidas.

Eu cadastrei uma conta no *site* quando tinha 12 anos. Eu vinha observando de longe, pensando "Uau, quantas coisas legais acontecendo, mas não sei se tenho coragem para participar", porque sou muito tímida. Entrar nessa comunidade foi a melhor coisa que já fiz. Quando compartilhei um projeto *on-line* pela primeira vez, não esperava que alguém o visse. Eu só queria descobrir como fazer para compartilhar projetos. Então eu recebi um comentário, e nem lembro o que dizia, só lembro de como me senti com ele, eu pensei: "Alguém falou comigo! Gostaram do meu projeto!". Foi incrível receber o *feedback* de pessoas que eu nem conhecia. Então comecei a criar mais projetos: um castelo assustador de *Halloween*, um jogo de fazenda, uma viagem para Vênus.

Eu sempre fiquei surpresa com o tipo de apoio, de colaboração e de compartilhamento que encontramos na comunidade. Esse é um dos principais motivos que me fazem voltar para o Scratch todos os dias. É muito inspirador. Há diversas oportunidades de aprender com outras pessoas na comunidade: elas fazem coisas que eu nem sabia que eram possíveis.

Eu: Enquanto você aprende com outras pessoas, você também compartilha o que aprendeu. Sei que você criou alguns tutoriais no Scratch, inclusive um chamado *You gotta love variables* (Não tem como não amar as variáveis).

Taryn: Eu adoro ensinar, e adoro refletir sobre novas maneiras de explicar as coisas ou de pensar sobre elas. Quando estava trabalhando em um projeto Scratch, descobri algumas coisas sobre variáveis que eu não sabia antes e fiquei muito animada com isso, e não sabia o que fazer com esse sentimento a não ser compartilhá-lo. Então, criei um projeto Scratch para ajudar outros *scratchers* a aprender sobre variáveis.

Eu adoro quando as pessoas comentam que aprenderam algo novo com o tutorial. Sei como é boa a sensação quando descobrimos algo e gritamos "Isso!", e a ideia de que eu posso transmitir essa sensação a alguém é demais. Eu ficava nervosa se tivesse que falar com as pessoas ou ensinar algo a elas pessoalmente, por isso a ideia de que eu ainda poderia divulgar minhas experiências e conhecimentos sem ter de enfrentar esse tipo de medo social era incrível e realmente libertadora.

Eu: Você é mais conhecida na comunidade Scratch por uma série de projetos chamada *Colour divide* (Divisão por cores). Como você começou esse projeto?

Taryn: Comecei o projeto com uma colaboração entre cinco outros *scratchers*. Estávamos fazendo um jogo de representação em um estúdio do Scratch, criando uma história sobre uma cidade de fantasia, apenas nos divertindo com a representação e conhecendo uns aos outros. Mas, de repente, tive uma grande inspiração. Pensei: "Preciso fazer uma animação disso". Nunca tinha feito uma animação antes, mas não importava, porque estava inspirada. Já tinha trabalhado com o ambiente do Scratch tempo suficiente para me sentir confortável para tentar. Eu me senti como uma contadora de histórias, que podia usar a programação para dar vida a uma delas. A história estava guiando meu caminho, e as ideias que eu tinha também.

Colour divide se passa em um mundo distópico de fantasia, onde as crianças são avaliadas por um teste que determina o lugar delas na sociedade. Todas são classificadas com base em suas capacidades mágicas. Se não forem tão boas assim em magia, o nível delas será o vermelho. O nível mais poderoso é o violeta. Quando não são fortes o suficiente nem mesmo para o nível vermelho, elas são banidas para um deserto. A história se concentra nas personagens que não se adaptam muito bem a esse modelo e acabam desafiando essa sociedade, e toda a história gira em torno de como eles descobrem onde se encaixam e como mudar as coisas para melhor.

Eu: Eu sei que a história tem um significado especial para você, que cresceu na África do Sul.

Taryn: Uma grande parte da história é sobre mim, tentando compreender o mundo onde cresci e as coisas que vi. Enquanto crescia, vi claramente as cicatrizes que o *apartheid* deixou em meu país e em seu povo. Estou, na verdade, explorando isso por meio de diferentes personagens que fazem parte dessa história. A classificação é um eufemismo para qualquer tipo de divisão. É como dizer: "Uma pequena parte sua não define quem você é. Você é muito mais do que essa pequena parte que a sociedade escolheu enxergar em você". Essa é a mensagem na qual eu realmente acredito e a qual eu queria compartilhar.

A sociedade tem muitos rótulos que insiste em colocar em nós, mas as pessoas são muito mais complexas, belas e incríveis do que isso. Para mim, isso está definitivamente relacionado à minha experiência com o Scratch — um lugar onde todos os tipos de pessoas podem verdadeiramente se reunir, sejam introvertidos ou extrovertidos, os que adoram artes e os que adoram programação, todos misturados. Eu, que nunca senti que pertencia a lugar algum, posso dizer que o que mais gosto no Scratch é a união de todas essas coisas.

Eu: Qual foi a reação da comunidade Scratch quando você publicou o *Colour divide*?

Taryn: Meu primeiro projeto *Colour divide* foi apenas um *trailer*. Muitos *scratchers* me incentivaram a fazer mais episódios e me ofereceram ajuda. Eles diziam: "Eu também quero fazer parte disso. Quero fazer um personagem para o projeto". Então cada vez mais pessoas foram se envolvendo. Eu o configurei para que outros *scratchers* pudessem contribuir com faces, vozes, cenários e músicas. Senti que não era tanto algo que eu estava fazendo, e mais algo que estávamos fazendo juntos.

A maioria dos dubladores é de outras partes do mundo e que eu nunca conheci, e mesmo assim trabalhei com eles para que dessem vida aos personagens com suas vozes. Todas as músicas foram feitas por outros *scratchers*. Eu fiquei inspirada em ver como eles compartilharam suas músicas no Scratch apenas para que outros *scratchers* as usassem. A maior parte dos personagens secundários, como as faces no cenário dos episódios, foi totalmente desenvolvida pelos *scratchers*. Estamos todos juntos neste mundo.

Eu: Pensando nos seis últimos anos, quais foram suas maiores mudanças pessoais depois do Scratch?

Taryn: Por causa do Scratch, eu fiquei mais segura para experimentar coisas novas e me expressar, e mais confortável em assumir riscos e cometer enganos. Como alguém que sempre se sentiu paralisada pelo medo de errar, programar no Scratch mudou o modo como vejo isso. Ele realmente me capacitou, não só em meu trabalho criativo, mas também em minha vida de modo geral. Agora, quando algo dá errado, eu enxergo a oportunidade de aprender algo novo.

Isso, para mim, é confiança criativa. Esse é o tipo de pessoa que o Scratch está educando, e eu realmente acho que os *scratchers* vão mudar o mundo.

Projetos

PESSOAS QUE CRIAM

Em janeiro de 2009, em um grande anfiteatro do *campus* do MIT, assisti à tomada de posse de Barack Obama como o 44º presidente dos Estados Unidos. O lugar estava lotado, com mais de 500 pessoas, e um vídeo do discurso inaugural de Obama foi projetado em duas grandes telas na sala. Como o público era formado por cientistas e engenheiros do MIT, não é surpreendente que a reação mais intensa tenha ocorrido quando Obama declarou: "Vamos devolver a ciência ao seu devido lugar". O anfiteatro foi preenchido por aplausos.

Mas não foi essa frase do discurso inaugural que chamou minha atenção. Para mim, o momento mais memorável foi quando Obama disse: "Foram as pessoas que arriscam, que fazem, que criam coisas — algumas reconhecidas, mas normalmente homens e mulheres cujo trabalho é invisível — que têm nos carregado no longo e tortuoso caminho rumo à prosperidade e à liberdade".

Pessoas que arriscam. Que fazem. Que criam coisas. Elas são os estudantes X, os pensadores criativos. Elas foram a força motriz das mudanças econômica, tecnológica, política e cultural ao longo da história. Hoje, todos precisam arriscar, fazer e criar coisas; não necessariamente para mudar o rumo da história, mas suas próprias vidas.

Ao usar a frase *pessoas que criam coisas*, Obama fez uma referência implícita a um movimento que estava apenas começando a se espalhar por nossa cultura: o movimento *maker*. Ele começou como um movimento popular, em garagens e centros comunitários, entre pessoas apaixonadas por fazer coisas e por compartilhar suas ideias e suas criações umas com as outras. Em 2005, o movimento ganhou força quando Dale Dougherty lançou a revista *Make:*, que celebra as alegrias de construir, criar e inventar coisas. A revista tinha o intuito de democratizar o fazer, mostrando como todos podem se envolver em atividades do tipo "faça você mesmo". A primeira edição descreveu "coisas incríveis que pessoas comuns estão fazendo em suas garagens e quintais", oferecendo instruções sobre como criar uma pipa para tirar fotos aéreas, um barril termoelétrico para manter a cerveja gelada e varas luminosas para criar padrões de luz dinâmicos à noite.

No ano seguinte, em 2006, Dale organizou a primeira Maker Faire, descrita como "um festival de invenções, criatividade e engenhosidade para toda a família". O festival contou com exposições e *workshops* sobre como fazer joias, móveis, robôs... quase tudo que você possa imaginar. Na última década, centenas de Maker Faires surgiram ao redor do mundo, atraindo milhões de engenheiros, artistas, *designers*, empreendedores, educadores, pais e crianças.

Para várias pessoas, o que mais chama a atenção no movimento *maker* é a tecnologia. Houve uma proliferação de novas tecnologias, como impressoras 3D e cortadoras a *laser*, que permitiram que as pessoas desenvolvessem, produzissem e personalizassem objetos físicos. Muitos estão animados com o potencial dessas tecnologias para os negócios e preveem que o movimento *maker* dará início a uma nova revolução industrial, na qual pequenos negócios (ou até mesmo indivíduos) poderão fabricar, em escala, produtos que anteriormente dependiam das grandes indústrias.

Sinto-me atraído pelo movimento *maker* por diferentes razões. Acredito que ele tenha o potencial de ser não apenas um movimento tecnológico e econômico, mas também um movimento de aprendizagem, que oferece novas formas de se envolver com experiências de aprendizagem criativa. Conforme as pessoas fazem e criam, elas têm a oportunidade de se desenvolverem como pensadoras criativas. Afinal, *criar* está na raiz da *criatividade*.

O que talvez seja ainda mais importante é que o movimento *maker* incentiva as pessoas a trabalharem em projetos — o primeiro dos quatro Ps da aprendizagem criativa. As matérias da revista *Make:* e as exposições da Maker Faire não ensinam apenas técnicas para fazer coisas; elas apoiam uma abordagem de aprendizagem baseada em projetos, na qual as pessoas aprendem novas ideias, habilidades e estratégias enquanto trabalham em projetos que têm significado pessoal para elas. Dale Dougherty considera os projetos "as unidades básicas do fazer".

Senti pessoalmente o poder dos projetos quando estava crescendo. Quando era criança, eu gostava de vários esportes: beisebol, basquete, tênis, entre outros. Mas não gostava de apenas praticar esportes; gostava ainda mais de "fazer" esportes. Estava sempre inventando novos esportes para praticar com meu irmão e meu primo. Tive a sorte de ter um quintal para construir e brincar, e sorte também de ter pais que permitissem que eu transformasse o quintal em um local de trabalho para os meus projetos.

Em uma das minhas férias, cavei o quintal para criar meu próprio campo de minigolfe. Foi uma experiência contínua de aprendizagem. Comecei cavando buracos simples no chão para os buracos de golfe, mas percebi que eles perdiam o formato com o tempo, então comecei a colocar latas de alumínio nos buracos. Isso funcionou até que choveu e as latas ficaram cheias de água, difíceis de esvaziar. Minha solução: cortei os dois lados das latas antes de colocá-las no solo para que a água pudesse ser drenada pelo fundo.

Conforme eu adicionava paredes e obstáculos no campo de minigolfe, precisava descobrir como a bola ricocheteava neles. Isso me deu um contexto motivacional para aprender a física de colisões. Passei horas calculando e medindo ângulos para que eu pudesse fazer a bola de golfe bater nos obstáculos e cair no buraco. Essa experiência foi mais memorável do que qualquer aula de ciências que eu tive na escola.

Ao longo desse caminho, comecei a compreender não só o processo de criação de um campo de minigolfe, mas também o processo geral de se fazer coisas: como começar com uma ideia inicial, desenvolver planos preliminares, criar a primeira versão, testar, pedir que outras pessoas experimentem, revisar os planos com base no que acontece e continuar fazendo isso, várias e várias vezes. Ao trabalhar em meu projeto, estava ganhando experiência com a espiral da aprendizagem criativa.

Por meio desse tipo de projeto, comecei a me ver como alguém capaz de fazer e criar coisas. Comecei a perceber as coisas do mundo de uma nova forma, pensando em como elas foram feitas. Como é feita uma bola ou um taco de golfe? Passei a pensar em outras coisas que eu poderia fazer.

Se acessar o *site* da revista *Make:* (http://makezine.com) hoje, você verá várias matérias que descrevem projetos de minigolfe, com títulos como "Faça você mesmo um minigolfe de mesa" e "*Putt* urbano: minigolfe 2.0". As tecnologias evoluíram desde que construí meu campo de minigolfe, quase 50 anos atrás. Agora, é possível produzir obstáculos customizados usando uma impressora 3D ou cortadoras a *laser* e inserir sensores nos obstáculos para acionar motores ou ligar LEDs quando a bola de golfe passar por um deles.

Ainda tenho orgulho do campo de minigolfe "antiquado" que construí quando era criança, mas também estou animado com as novas tecnologias que podem expandir os tipos de projetos que as crianças podem criar e inspirá-las a se tornarem pessoas que criam as coisas.

APRENDER CRIANDO

Ao longo dos anos, vários educadores e pesquisadores defenderam o *aprender fazendo*, argumentando que a melhor forma de aprender é estar ativamente envolvido em *fazer* algo, por meio de atividades "mão na massa".

Na cultura do movimento *maker*, entretanto, não é suficiente *fazer* algo: é preciso *criar* algo. De acordo com essa ética, as experiências de aprendizagem mais valiosas ocorrem quando você está ativamente envolvido no desenvolvimento, na construção ou na criação de algo — quando você *aprende criando*.

Se quiser entender melhor as relações entre criar e aprender e saber como apoiar a aprendizagem por meio da criação, o melhor a se fazer é conhecer o trabalho de Seymour Papert. Tive a sorte de trabalhar com ele por vários anos no MIT. Mais do que qualquer outra pessoa, ele desenvolveu as bases teóricas do aprender criando, além de tecnologias e estratégias de apoio. Seymour deveria ser considerado o santo padroeiro do movimento *maker*.

Ele adorava todas as dimensões da aprendizagem: compreender, apoiar, fazer. Depois de concluir seu doutorado em matemática pela Cambridge University, em 1959, Seymour se mudou para Genebra para trabalhar com o grande psicólogo suíço Jean Piaget. Por meio de cuidadosa observação e entrevistas com milhares de crianças, Piaget descobriu que elas construíam conhecimento ativamente a partir de suas interações cotidianas com pessoas e objetos. O conhecimento não é algo que possa ser despejado como água em um vaso; em vez disso, as crianças estão constantemente criando, revisando e testando suas próprias teorias sobre o mundo quando brincam com seus brinquedos e seus amigos. De acordo com a teoria *construtivista* de aprendizagem de Piaget, as crianças constroem o conhecimento ativamente, não o recebem passivamente. Crianças não *recebem* ideias, mas sim *criam* ideias.

No início dos anos 1960, Seymour se mudou de Genebra, na Suíça, para Cambridge, Massachusetts, Estados Unidos, para integrar o corpo docente do MIT. Com isso, estava se mudando do epicentro de uma revolução no desenvolvimento infantil para o epicentro de uma revolução na tecnologia computacional, e passou as décadas seguintes fazendo conexões entre as duas. Quando chegou ao MIT, os computadores ainda custavam centenas de milhares de dólares ou mais e eram usados apenas em grandes empresas, agências do governo e universidades, mas Seymour previu que os computadores acabariam se tornando acessíveis a todos, até mesmo às crianças, e viu na computação uma forma de transformar a maneira como elas aprendiam e brincavam.

Seymour logo emergiu como o líder de uma empolgante batalha intelectual sobre como introduzir computadores na educação. A maioria dos pesquisadores e educadores adotou uma abordagem de *ensino assistido por computador*, em que as máquinas assumem o papel de professores: apresentando informações e instruções aos estudantes, realizando testes para medir o que os alunos aprenderam, depois adaptando o ensino subsequente com base nas respostas deles.

Seymour tinha uma visão radicalmente diferente. Para ele, computadores não eram substitutos de professores, mas um novo meio de expressão, uma nova ferramenta para criar coisas. Em 1971, cinco anos antes do primeiro computador de uso pessoal ser lançado, Seymour foi coautor (com Cynthia Solomon) de um artigo chamado *"Twenty things to do with a computer"*. O artigo descrevia como crianças poderiam usar computadores para desenhar imagens, criar jogos, controlar robôs, compor músicas, entre outras atividades criativas.

A abordagem de Seymour tinha como base o que ele havia aprendido com Piaget: ver crianças como construtoras ativas do conhecimento, não como receptoras passivas. Seymour deu um passo além, defendendo que as crianças constroem o conhecimento de forma mais eficaz quando se envolvem ativamente na construção de coisas no mundo, ou seja, quando estão criando. Ele chamou sua abordagem de *construcionismo*, porque une dois tipos de construção: à medida que as crianças constroem coisas no mundo, elas constroem novas ideias em suas mentes, o que as incentiva a construir novas coisas no mundo e assim por diante, em uma espiral infinita de aprendizagem.

Para dar vida a essas ideias, Seymour e seus colegas desenvolveram uma linguagem de programação para crianças chamada *Logo*. Até então, a programação era vista como uma atividade especializada, acessível apenas a pessoas com conhecimento matemático avançado, mas Seymour a via como uma linguagem universal usada para fazer coisas em um computador e defendia que todos deveriam aprender a programar.

Em seu livro *Mindstorms*, Seymour comparou a abordagem de ensino assistido por computadores, na qual "o computador é usado para programar a criança", com sua própria abordagem, na qual "a criança programa o computador". Sobre o processo de aprender a programar, ele escreve que uma criança "adquire a sensação de domínio sobre uma peça da mais moderna e poderosa tecnologia e estabelece um contato íntimo com algumas das ideias mais profundas das ciências, da matemática e da arte de construção de modelos intelectuais".

Quando a linguagem Logo foi desenvolvida, as crianças a usavam principalmente para controlar os movimentos de uma "tartaruga-robô" (chamada assim devido ao seu casco hemisférico para proteger os componentes eletrônicos). À medida que os computadores de uso pessoal se tornaram mais comuns, no final dos anos 1970, elas começaram a usar a Logo para desenhar imagens na tela, digitar comandos como "para frente 100" e "para direita 60" para dizer à "tartaruga da tela" como se mover, virar e desenhar. Conforme escreviam programas em Logo, aprendiam conceitos matemáticos de forma significativa e motivadora no contexto de projetos que elas consideravam importantes.

Durante os anos 1980, milhares de escolas ensinaram milhões de estudantes a programar em Logo, mas o entusiasmo inicial não durou. Muitos tinham dificuldade de aprender a programar com Logo porque a linguagem era cheia de sintaxe e pontuação não intuitivas. Para piorar, muitas vezes era apresentada em atividades que não eram de interesse de professores nem de alunos. Muito educadores ensinavam Logo como um objetivo final, não como uma forma de os estudantes se expressarem e explorarem o que Seymour chamou de "ideias poderosas". Não demorou para a maioria das escolas passar a usar os computadores de outras formas: começaram a vê-los como ferramentas para entregar e acessar informações, não para fazer e criar, como Seymour havia imaginado.

As ideias de Seymour sobre aprender criando estão voltando a ganhar força, conforme demonstrado pelo surgimento do movimento *maker*. Embora seu trabalho com a Logo tenha começado há mais de 50 anos e seu livro fundamental *Mindstorms* tenha sido publicado em 1980, suas ideias principais nunca foram tão pertinentes quanto hoje.

BRINQUEDOS QUE FAZEM PENSAR

O primeiro filme de longa metragem totalmente animado por computador, *Toy Story*, foi lançado em 1995. Foi um sucesso comercial e entre os críticos, sendo amplamente reconhecido como um dos melhores filmes animados de todos os tempos.

Muitas das cenas principais de *Toy Story* se passam no quarto de duas crianças. O de Andy é cheio de brinquedos que falam e interagem uns com os outros, como o Sr. Cabeça de Batata, uma boneca de porcelana, um cachorro com corpo de mola e vários outros brinquedos populares que ganham vida ali. O centro das atenções é Buzz Lightyear, o mais novo brinquedo de alta tecnologia do ano ("um membro da unidade de elite de proteção do universo dos patrulheiros espaciais").

O quarto de Sid, do outro lado da rua, parece mais a oficina de um inventor do que um quarto, cheio não só de brinquedos, mas também de chaves de fenda, martelos e outras ferramentas. Sid está sempre desmontando seus brinquedos e montando-os de novo de maneiras inesperadas; não está apenas brincando, está criando brinquedos.

O quarto de Andy tem o claro objetivo de representar o sonho de toda criança, cheio de brinquedos inteligentes que interagem e respondem por conta própria. No entanto, acho que Sid, o menino que cria coisas, é quem tem mais chances de se desenvolver como pensador criativo.

Infelizmente, os filmes costumam retratar os jovens criadores como Sid sob um aspecto negativo. Em *Toy Story*, o quarto de Sid é apresentado como um lugar escuro e sinistro, e suas habilidades criativas são aliadas a um comportamento perverso. Em determinado momento da história, ele remove a cabeça de um dos brinquedos, um pterodáctilo, e a coloca no corpo da boneca preferida de sua irmã: "um transplante duplo de cérebro", declara todo orgulhoso.

Quando entramos em uma loja de brinquedos nos dias de hoje, parece que estamos entrando no quarto de Andy. Todos os brinquedos estão prontos para interagir e se comunicar. Apertamos as costas de um dinossauro de borracha e ele sacode a cauda como se estivesse nos cumprimentando; começamos a falar com o dinossauro, e ele nos responde.

A tecnologia de hoje é incrível. Os brinquedos estão cheios de componentes eletrônicos e sensores que podem detectar movimentos, gestos e sons para responderem com luzes, músicas e outros movimentos. À medida que esses componentes ficam cada vez menores e mais baratos, mais poder computacional é incorporado aos brinquedos. Mas o que as crianças aprendem quando interagem com eles? Não tenho dúvidas de que os engenheiros e *designers* das fábricas de brinquedos estejam aprendendo muito ao criá-los, mas e as crianças? O fato de um brinquedo ser criativo por si só não significa que isso as ajudará a se tornarem criativas.

Como você pode decidir quais são os melhores brinquedos para seus filhos? Este é o meu conselho: *não pergunte o que o brinquedo pode fazer por seu filho, mas o que seu filho pode fazer com o brinquedo*. Quando vejo um novo brinquedo, quero saber que tipos de brincadeira ele proporciona e incentiva. Se as crianças podem usar o brinquedo para imaginar e criar os próprios projetos e mergulhar na espiral de aprendizagem criativa, então fico animado com ele. Em vez de *brinquedos que pensam*, meu interesse está nos *brinquedos que fazem pensar*.

É por isso que sempre me senti atraído pelas peças LEGO, inventadas com o propósito específico de dar às crianças novas oportunidades de imaginar, criar e compartilhar. Crianças do mundo todo as utilizam para construir casas, torres, castelos, naves espaciais e uma ampla gama de outras criações, e, ao fazer isso, desenvolvem as habilidades de pensar de forma criativa, de raciocinar de forma sistemática e de trabalhar de forma colaborativa.

As peças LEGO serviram de inspiração para o primeiro projeto no qual trabalhei com Seymour Papert, logo depois que cheguei ao MIT, em 1983. Na época, a linguagem de programação Logo de Seymour estava se espalhando pelas escolas ao redor do mundo. Alguns dos integrantes da equipe de Seymour (Steve Ocko, Brian Silverman e eu) começaram a explorar maneiras de relacionar as peças LEGO à linguagem Logo para que as crianças pudessem escrever programas de computador em Logo e controlar suas criações de LEGO. Chamamos esse sistema combinado de *LEGO/Logo*.

Em um de nossos primeiros *workshops*, por exemplo, uma menina do 5º ano, chamada Fran, construiu um elevador de LEGO que incluía um motor, também feito de LEGO, que puxava uma cordinha para fazer o elevador se mover para cima e para baixo. Ela escreveu um programa em Logo que ligava o motor durante períodos diferentes, para fazer o elevador se mover entre os andares. Depois disso, adicionou um sensor de toque no topo do elevador e atualizou o programa em Logo para que o elevador mudasse de direção automaticamente quando chegasse ao último andar.

Os projetos LEGO/Logo deram às crianças inúmeras oportunidades de aprender criando, combinando dois tipos diferentes de criar: criar modelos de LEGO e criar programas em Logo. Quando Fran fez seu elevador de LEGO, ela aprendeu sobre estruturas, mecanismos e sensores; quando fez seu programa em Logo, aprendeu sobre sequenciamento, condicionais e *feedback*. Talvez o mais importante tenha sido ela ter aprendido sobre o processo de criação do próprio projeto, desde a ideia inicial até o protótipo em funcionamento.

O Grupo LEGO introduziu o LEGO/Logo como produto em 1988. Logo depois, um grupo nosso no MIT (que incluía Fred Martin e Randy Sargent) começou a trabalhar na geração subsequente a esta tecnologia. Com o LEGO/Logo, as crianças usavam cabos para conectar seus modelos de LEGO a computadores de uso pessoal; Fran, por exemplo, usou um cabo para conectar seu elevador de LEGO a um computador Apple II. Conforme os componentes eletrônicos foram diminuindo de tamanho, percebemos que poderíamos incluir capacidades computacionais dentro de um (grande) bloco LEGO. Com esse "bloco programável", as crianças podiam desenvolver poder computacional diretamente em suas construções de LEGO, em vez de conectar suas criações a um computador externo.

Quando começamos a testar os blocos programáveis com as crianças, ficamos maravilhados ao ver o que elas criaram. Em uma turma do ensino fundamental, elas construíram um zoológico robotizado com vários tipos de criaturas programáveis. Em outra, uma criança construiu uma máquina que regava plantas automaticamente por meio de um sensor que media a umidade do solo e de um mecanismo motorizado que inclinava o regador, liberando a água.

O Grupo LEGO transformou nossos protótipos de blocos programáveis em seu produto LEGO Mindstorms (uma homenagem ao livro clássico de Seymour, *Mindstorms*). Hoje, milhões de crianças (e vários adultos também, como passatempo) usam os *kits* Mindstorms para construir e programar suas próprias invenções-robô. Em todos os países do mundo existem hoje competições nas quais crianças constroem robôs que atravessam percursos com obstáculos, pegam objetos ou realizam outras tarefas.

As invenções robóticas criadas pelas crianças com os *kits* do LEGO Mindstorms geralmente não são tão sofisticadas ou tão "inteligentes" quanto os brinquedos robóticos disponíveis nas lojas — assim como os brinquedos que Sid criava em seu quarto não eram tão sofisticados quanto os brinquedos antropomórficos no quarto de Andy. Entretanto, as crianças que cresceram fazendo, criando e inventando são aquelas que estarão mais bem preparadas para a vida na sociedade de amanhã.

CRIATIVIDADE NA TELA

As lojas de brinquedos de hoje estão cheias de brinquedos computadorizados maravilhosamente criativos, mas que não dão muitas oportunidades para a criança criar; o mesmo acontece com os aplicativos, *videogames* e atividades *on-line* infantis.

As crianças do mundo todo estão passando cada vez mais tempo diante de telas: brincando com *videogames*, enviando mensagens aos amigos, assistindo a vídeos e pesquisando informações. As tecnologias envolvidas nessas atividades, e aquelas encontradas na loja de brinquedos, são incrivelmente criativas. Contudo, na maior parte dessas atividades, as crianças apenas *interagem* com as tecnologias, e não *criam* com elas. Se queremos que as crianças cresçam como pensadoras criativas, precisamos proporcionar a elas diferentes maneiras de envolvimento com as telas, oferecendo mais oportunidades de criarem os próprios projetos e expressarem as próprias ideias.

Posso dar um exemplo. Há alguns anos, fui convidado para fazer uma apresentação em uma conferência chamada *Story 3.0*. A conferência tinha como foco a "inovação, cultura e negócios da narração de histórias da próxima geração", analisando de que forma as tecnologias digitais poderiam transformar a natureza e o papel das histórias no século XXI, assim como tecnologias anteriores (como a impressora e a fotografia) transformaram a narração de histórias em outras épocas. Fui convidado a falar sobre o trabalho de meu grupo de pesquisa com o Scratch, que pode ser visto como uma versão da linguagem de programação Logo, de Seymour Papert, do século XXI.

Minha palestra foi marcada para a primeira manhã da conferência. O palestrante que se apresentou antes de mim fazia parte de uma editora do ramo da educação na Europa, que estava desenvolvendo um mundo imersivo *on-line* baseado em *Gatos guerreiros*, uma série popular de livros infantis que contam as aventuras de quatro clãs de gatos selvagens em suas casas na floresta. A editora esperava aumentar a popularidade dos livros *Gatos guerreiros* para envolver as crianças em novas formas de interação *on-line*. A ideia era que cada criança representasse o papel de um dos gatos guerreiros como parte de uma história maior *on-line*. Segundo a descrição do palestrante durante a apresentação: "Haverá centenas de outros gatos na floresta com você... O que acontecerá é que você vai consumir as narrativas dessas missões, e cada missão será apresentada como uma parte essencial da mitologia do clã que você precisa compreender".

Enquanto eu ouvia a apresentação, uma palavra me chamou a atenção: *consumir*. A editora viu nas tecnologias *on-line* uma nova maneira de oferecer histórias a serem consumidas pelas crianças. Evidentemente, as crianças não teriam uma participação passiva nessa história *on-line*. Parte da atração do mundo *on-line* é a capacidade de interação. Neste caso, as crianças podiam movimentar seus gatos virtuais pelo mundo *on-line* para solucionar as missões apresentadas, mas elas ainda seriam consumidoras, pois estariam interagindo com a história de outra pessoa.

Este produto era um contraste absoluto com o nosso *software* Scratch, que dá às crianças oportunidades não só de interagir com as histórias de outras pessoas, mas também de criar e compartilhar as próprias histórias. Eu fiquei curioso para saber se as crianças estavam usando o Scratch para criar as próprias histórias baseadas nos livros da série *Gatos guerreiros*. Enquanto a editora representante continuava com sua palestra, eu abri meu *laptop*, acessei o *site* do Scratch e digitei "gatos guerreiros" na caixa de pesquisa. Uma lista com centenas de projetos e estúdios apareceu. Um estúdio chamado *BEST WARRIOR CATS PROJECTS!* (MELHORES PROJETOS DOS GATOS GUERREIROS!) tinha 150 projetos. Outro chamado *Warrior cat games and makers* (Jogos e criadores dos gatos guerreiros) tinha mais de 70 projetos. *Warrior cats rule!* (Gatos guerreiros dominam!) tinha mais de 60.

Dei uma olhada nos projetos, esperando incluir alguns deles em minha apresentação. Abri um projeto chamado *Warrior cats maker* (Criador de gatos guerreiros), criado pelo *scratcher* Emberclaw. Nesse projeto, era possível criar seu próprio gato guerreiro: ao pressionar diferentes botões, era possível selecionar o tamanho do pelo do gato (três opções), a cor do pelo (16 opções), o padrão de manchas no pelo (11 opções), o tipo dos olhos (10 opções) e o ambiente onde o gato vive (quatro opções).

Depois, abri um projeto chamado *Warrior cats game v2* (Jogo dos gatos guerreiros v2), criado por um *scratcher* de nome Flamespirit. No jogo, era possível usar as teclas de seta para movimentar um gato em uma série de ambientes, fazendo-o interagir (e lutar) com outros gatos durante o percurso. Eu podia pressionar diferentes teclas para executar movimentos de luta variados (como chute para trás e ataque com as garras) ou clicar nas plantas do ambiente para ver informações sobre seus valores medicinais. Mais de 1.500 membros da comunidade Scratch jogaram *Warrior cats game v2* e deixaram mais de 100 comentários e sugestões.

Rapidamente, revisei minha apresentação para incluir alguns dos projetos dos *Gatos guerreiros* feitos na comunidade Scratch. Quando chegou a minha vez de falar, enfatizei as diferenças entre o mundo *on-line* dos *Gatos guerreiros* (apresentado na palestra anterior) e a comunidade *on-line* Scratch. Para mim, as duas iniciativas representam duas abordagens muito diferentes de narração de histórias com tecnologias *on-line* e, de maneira mais geral, abordagens muito diferentes de educação e de aprendizagem. Em um dos casos, as crianças interagem com tecnologias digitais, participando da história de outra pessoa. No outro, as crianças criam usando tecnologias digitais, contando as próprias histórias.

Com o Scratch, elas estão sempre pensando em função de projetos. Elas se perguntam: "Que tipo de projeto eu poderia fazer? Como posso deixá-lo melhor? O que eu poderia compartilhar com outras pessoas? Como devo responder aos comentários e sugestões?".

De várias maneiras, o Scratch é o equivalente digital do *kit* de construção LEGO. Com as peças LEGO, as crianças constroem as próprias casas e castelos, em vez de apenas brincar com casas e castelos prontos. Com o Scratch, elas programam as próprias histórias e jogos, em vez de simplesmente interagir com histórias e jogos já criados.

Eu sempre adorei o *slogan* da LEGO: "Alegria na construção, orgulho da criação". Acho que a frase captura a razão do grande sucesso dos blocos de LEGO e o porquê de eles terem se tornado um símbolo da diversão e do pensamento criativo. Com o Scratch, nossa meta é levar a "Alegria da construção, orgulho da criação" para o mundo *on-line*, proporcionando às crianças novas maneiras de "construir" (programar histórias e jogos interativos), de compartilhar suas criações (em uma comunidade *on-line*) e de se desenvolverem como pensadoras criativas.

FLUÊNCIA

Nos últimos anos, houve um aumento no interesse em aprender programação de computadores, ou simplesmente programação como é chamada hoje em dia. Atualmente, existem milhares de aplicativos, *sites* e *workshops* que ajudam as crianças a aprender a programar. Nosso *software* de programação Scratch faz parte dessa tendência, mas com uma diferença importante.

A maioria dos cursos introdutórios de programação é baseada em *desafios*. As crianças precisam criar um programa para mover um personagem virtual por alguns obstáculos até alcançar a linha de chegada – por exemplo, mover o robô BB-8 de *Star wars* para pegar alguns pedaços de sucata sem passar pelo inimigo, ou programar o R2-D2 para levar uma mensagem aos pilotos rebeldes. Ao criar programas para resolver esses desafios, as crianças aprendem habilidades básicas da programação e conceitos da ciência da computação.

No Scratch, damos foco a *projetos*, e não a desafios. Quando apresentamos o Scratch para as crianças, nós as incentivamos a criar suas próprias histórias interativas, jogos e animações; elas começam com ideias e as transformam em projetos que podem compartilhar com outras pessoas.

Por que focamos em projetos? Nós vemos a programação como uma forma de fluência e expressão, assim como a escrita. Quando você aprende a escrever, não é suficiente aprender ortografia, gramática e pontuação: é importante aprender a contar histórias e comunicar suas ideias, e o mesmo se aplica à programação. Desafios podem ser bons para aprender a gramática básica e a pontuação da programação, mas eles não vão ajudar você a aprender a se expressar. Imagine como seria aprender a escrever fazendo apenas palavras-cruzadas. Isso poderia melhorar sua ortografia e vocabulário e poderia ser até divertido, mas será que você se tornaria um bom escritor, capaz de contar histórias e expressar suas ideias com fluência? Eu acho que não. Uma abordagem baseada em projetos é o melhor caminho para a fluência, seja na escrita, seja na programação.

Mesmo que a maioria das pessoas não se torne um jornalista ou escritor profissional, é importante que todos aprendam a escrever. Isso também se aplica à programação, por razões semelhantes. A maioria das pessoas não será um programador profissional ou cientista da computação, mas aprender a programar com fluência é uma habilidade valiosa para todos. Tornar-se fluente, seja na escrita ou na programação, ajuda a *desenvolver seu pensamento*, *desenvolver sua voz* e *desenvolver sua identidade*.

DESENVOLVENDO SEU PENSAMENTO

No processo de escrita, você aprende a organizar, refinar e refletir sobre suas ideias. À medida que você se torna um escritor melhor, você se torna um pensador melhor.

Ao aprender a programar, você também se torna um pensador melhor. Por exemplo, você aprende a dividir problemas complexos em partes mais simples e a depurá-los, e a refinar e melhorar os projetos por meio de repetições ao longo do tempo. A cientista da computação Jeannette Wing popularizou o termo *pensamento computacional* para se referir a esse tipo de estratégia.

Essas estratégias de pensamento computacional podem ser úteis em todos os tipos de atividades que envolvam projetos e resolução de problemas, não apenas em programação e ciência da computação. Ao aprender a depurar programas de computador, você estará mais bem preparado para descobrir o que deu errado se preparar uma receita que não der certo na cozinha ou caso você se perca ao seguir as orientações de direção dadas por outra pessoa.

Resolver desafios pode ser útil para desenvolver algumas dessas habilidades de pensamento computacional, mas criar seus próprios projetos o leva além, ajudando-o a desenvolver sua voz e sua identidade.

DESENVOLVENDO SUA VOZ

Escrever e programar são formas de expressão, maneiras de comunicar suas ideias a outras pessoas. Quando aprende a escrever, por exemplo, você consegue mandar uma mensagem de feliz aniversário para um amigo, enviar um comentário para o jornal local ou registrar seus sentimentos em um diário.

Eu vejo a programação como uma extensão da escrita, que permite que você "escreva" novos tipos de coisas, como histórias interativas, jogos, animações e simulações. Vou dar um exemplo da comunidade *on-line* Scratch. Alguns anos atrás, na véspera do Dia das mães, decidi usar o Scratch para fazer um cartão interativo para a minha mãe. Antes de começar, verifiquei se alguém já havia feito algo similar: digitei "Dia das mães" na caixa de pesquisa e fiquei deslumbrado com as dezenas de projetos, vários deles criados nas últimas 24 horas por procrastinadores como eu!

Um dos projetos começava com as palavras "FELIZ DIA DAS MÃES" desenhadas no topo de um grande coração vermelho, e cada uma das 15 letras era interativa e se transformava em uma palavra quando tocada pelo cursor do *mouse*. Conforme eu movia o cursor pela tela, tocando cada letra, foi revelada uma mensagem especial de Dia das mães com 15 palavras: "Te amo e penso sempre em você com muito carinho. Feliz Dia das mães, mãe".

Quem criou esse projeto estava claramente desenvolvendo sua voz com o Scratch, aprendendo a se expressar de novas maneiras e integrando a programação ao fluxo de sua vida cotidiana. Acredito que, futuramente, será tão natural para os jovens se expressarem por meio da programação quanto por meio da escrita.

(Aliás, eu acabei não fazendo o cartão de Dia das mães para a minha mãe. Em vez disso, mandei a ela os *links* de dezenas de projetos de Dia das mães que encontrei no *site* do Scratch. Minha mãe, que foi educadora a vida inteira, respondeu com a seguinte mensagem: "Mitch, gostei muito de ver os cartões do Scratch de todas essas crianças... e amo ser mãe de um filho que ajudou a dar a elas as ferramentas para que elas comemorassem assim!!!".)

DESENVOLVENDO SUA IDENTIDADE

Quando as pessoas aprendem a escrever, começam a ver a si mesmas, bem como seu papel na sociedade, de um jeito diferente. O educador e filósofo brasileiro Paulo Freire liderou campanhas de alfabetização em comunidades de baixa renda não apenas para ajudar pessoas a conseguirem empregos, mas também para que entendessem que "é aprendendo que (elas) se fazem e refazem" (como ele escreveu em *Pedagogia da indignação*).

Eu vejo o mesmo potencial na programação. Na sociedade de hoje, as tecnologias digitais são um símbolo de possibilidade e progresso. Quando as crianças aprendem a usá-las para se expressar e compartilhar ideias por meio da programação, elas começam a se ver de novas formas e a enxergar a possibilidade de contribuir ativamente para a sociedade. Elas começam a se ver como parte do futuro.

Quando apresentamos o Scratch para os jovens, me sinto empolgado com o que eles criam e com o que aprendem durante o processo. Mas o que mais me anima é a forma como vários *scratchers* começam a se perceber como criadores, desenvolvendo confiança e orgulho em sua capacidade de criar coisas e de se expressar fluentemente com novas tecnologias.

TENSÕES E COMPROMISSOS: CONHECIMENTO

Quando eu soube que Gever Tulley havia inaugurado uma escola, fiquei ansioso para conhecê-la. Ele é um engenheiro apaixonado por oferecer aos jovens mais oportunidades de criar coisas e trabalhar em projetos. Em 2005, logo no início do movimento *maker*, criou acampamentos de imersão com duração de uma semana nas férias, onde os jovens trabalhavam juntos, em equipes, para criar projetos em tamanho real, como montanhas-russas, casas nas árvores e veleiros. Depois disso, ele criou *workshops* e programas extracurriculares, todos com foco em envolver os jovens em projetos *maker*.

Em 2011, Tulley decidiu que os projetos *maker* não deviam ser feitos fora da escola: deviam estar no coração dela. Foi cofundador de uma escola chamada Brightworks, localizada em um antigo depósito no bairro Mission District, em São Francisco, Califórnia. Desenvolvida para estudantes entre 5 e 15 anos de idade, a escola tinha o objetivo de combinar as "melhores práticas de ensino e interação para alunos da primeira infância e a aprendizagem experimental baseada em projetos". Como diz a descrição no *site* da escola (http://sfbrightworks.org): "Usamos ferramentas, materiais e problemas de verdade para incentivar o amor dos estudantes pela aprendizagem, curiosidade sobre o mundo, capacidade de envolvimento, perseverança para pensar grande e persistência para fazer coisas incríveis".

Quando visitei a Brightworks, vi estudantes trabalhando em uma grande variedade de projetos *maker*. Um grupo estava dedicado à construção de um palco de formato irregular para a produção teatral da escola, e calculava a quantidade exata de madeira que seria necessária. Eles explicaram que a madeira estava guardada em um local do outro lado do prédio da escola e que o transporte dela seria difícil, por isso queriam calcular a quantidade correta antes de começar a movê-la.

Não muito longe dali, outro grupo estava sentado dentro de uma carroça coberta. Eles explicaram que tinham construído a carroça enquanto estudavam sobre a migração da região Oeste dos Estados Unidos, mas que agora achavam interessante usá-la como ponto de encontro nos dias de sol pois ela os protegia da intensa luz solar.

Mas o lugar que mais gostei foi a chamada *Kid City* (Cidade da criança). Os estudantes tiveram a oportunidade de construir pequenos cubículos para si mesmos, onde podiam ir para ler ou escrever ou simplesmente para passarem um tempo sozinhos. Em princípio, eles dividiram o espaço total da Kid City pelo número de alunos para calcular o tamanho de cada cubículo particular, mas, depois de construírem os cubículos, perceberam que não havia um "espaço público" onde pudessem se encontrar ou colaborar uns com os outros. Então, em uma atividade de *design* urbano improvisada, reuniram-se como comunidade e discutiram sobre quanto do espaço deveria ser dedicado ao uso público e sobre como decidir quanto às políticas de seu uso.

Em minha visita à Brightworks, tive a companhia de diversos executivos de uma empresa que vende produtos educacionais. Ao sairmos da escola, eu estava animado para discutir sobre o poder e as possibilidades da aprendizagem baseada em projetos, mas descobri rapidamente que meus colegas de visita tinham uma impressão muito diferente da minha. "Estou preocupado que esses alunos não aprendam o básico", disse um deles. "Não seria melhor se a escola se concentrasse primeiro no básico para depois deixar os alunos trabalharem nos projetos?"

Esses comentários refletem uma preocupação comum sobre a aprendizagem baseada em projetos: a de que é difícil prever exatamente o que se aprende trabalhando em projetos. Quando os estudantes da Brightworks começaram a construir o palco de teatro, por exemplo, teria sido difícil saber exatamente quais conceitos matemáticos eles teriam que aprender para concluir o trabalho. Não seria mais eficiente desenvolver uma lista de conceitos importantes para o conhecimento dos alunos e, depois, fornecer a eles problemas, exemplos e explicações especificamente criados para o ensino de tais conceitos?

Na realidade, é assim que a maior parte das salas de aula é organizada. Os estudantes recebem um fluxo estável de instruções e de atividades de resolução de problemas criadas para destacar determinados conceitos. Um conjunto de problemas ensina os alunos a multiplicar frações, outro ensina a calcular a vantagem mecânica de um trem de engrenagens.

Em uma análise superficial, essa abordagem pode até parecer lógica, mas quando os estudantes resolvem conjuntos de problemas desconectados geralmente acabam com um conhecimento igualmente desconectado, sem entender por que aprenderam algo ou como aplicar o que aprenderam a novas situações. A abordagem baseada em projetos é totalmente diferente: quando os alunos trabalham em projetos, eles encontram os conceitos em um contexto relevante, logo, o conhecimento é embutido em uma rica teia de associações e, consequentemente, os estudantes conseguem relacionar e aplicar melhor os conhecimentos a novas situações.

Ainda mais importante, a abordagem baseada em projetos adota uma visão mais abrangente de "conhecimento", pois reconhece que o conhecimento não é apenas um conjunto de conceitos. Quando os estudantes trabalham juntos em projetos, eles aprendem não só sobre as teias de conceitos, mas também sobre conjuntos de estratégias, isto é, estratégias para fazer coisas, para resolver problemas, para comunicar ideias. Quando os alunos da Brightworks trabalharam no projeto da Kid City, por exemplo, aprenderam estratégias de como colaborar com outras pessoas, entender diferentes pontos de vista e compreender situações pouco familiares.

A abordagem baseada em projetos é particularmente adequada para ajudar os estudantes a se desenvolverem como pensadores criativos. Quando trabalham em projetos, eles entendem o processo criativo, aprendem a fazer repetições por meio da espiral de aprendizagem criativa: começar com uma ideia inicial, construir protótipos, compartilhar com outras pessoas, realizar experimentos e revisar as ideias com base em *feedback* e experiências.

De todos os benefícios da abordagem baseada em projetos, talvez o mais importante seja a maneira como os projetos se relacionam com os interesses dos alunos. Como observei no caso da Brightworks, era evidente que eles tinham muito interesse pelos projetos nos quais trabalhavam. Era fácil ver o sentimento de orgulho e dedicação enquanto contavam histórias sobre seus projetos e faziam reflexões sobre rumos a seguir. Como discutiremos no próximo capítulo, esse tipo de paixão (o segundo dos quatro Ps da aprendizagem criativa) é um ingrediente essencial do processo da aprendizagem criativa.

COM A PALAVRA, AS CRIANÇAS: JOREN

Joren, conhecido também como JSO na comunidade Scratch, cresceu na Bélgica e atualmente é aluno do MIT.

Eu: Como você começou a usar o Scratch?

Joren: Eu tinha acabado de completar 12 anos. Gostava de jogar no computador e estava procurando uma forma de criar meus próprios jogos. Encontrei o Scratch procurando no Google e comecei a criar jogos. Fiquei realmente empolgado por poder compartilhar meus projetos: finalmente encontrei uma comunidade de pessoas animadas com as mesmas coisas que eu.

Meu primeiro projeto foi um jogo simples chamado *Ball travel* (Viagem da bola), com uma bola de basquete saltitante que viajava até o espaço e voltava. Em algum lugar da comunidade Scratch, encontrei um jeito de fazer a bola quicar, como se a força da gravidade tivesse sido aplicada a ela. Eu me diverti muito desenhando todos aqueles níveis do jogo e criando uma história para eles. Queria carregar o projeto no *site* para poder mostrá-lo aos meus amigos, mas, antes mesmo de fazer isso, recebi um monte de comentários e sugestões como "você deveria adicionar isso e aquilo" e "isso ainda não está funcionando bem". Era superinterativo. E foi isso que me fez voltar.

Eu: Você ingressou na comunidade Scratch logo quando ela estava começando, em 2007, e criou um dos primeiros sucessos, seu *kit* de construção virtual LEGO. Como você teve a ideia para esse projeto?

Joren: Meu irmão e eu já costumávamos brincar com os blocos LEGO há muito tempo. Na verdade, esse é, provavelmente, o único brinquedo que nós realmente usávamos.

Na época, a LEGO havia criado um aplicativo chamado *LEGO Digital Designer*, que era surpreendente, porque eu conseguia construir coisas na tela que não conseguia construir no mundo físico. Fiquei imaginando se havia um jeito de fazer tudo aquilo em modelos pequenos no Scratch, e acabei desenhando os blocos em uma malha quadriculada, de modo que, quando você coloca um bloco em cima de outro na tela, parece que está construindo um modelo 3D.

Essa foi uma das primeiras vezes que pude explorar coisas mais voltadas para a matemática com o Scratch, porque é realmente complicado fazer os blocos se encaixarem no lugar certo na malha. Eu também precisava aprender mais sobre perspectiva e projeções isométricas e tudo mais.

Quando compartilhei o projeto, ele ficou bem conhecido. As pessoas o usavam como uma pequena caixa de brinquedos. Antes disso, eu ficava feliz se alguém visse meus projetos, mas depois deste, eram milhares de pessoas vendo o que criei, e elas me deram muitos *feedback* e sugestões.

Eu: Depois de um tempo, além de criar seu próprio projeto, você começou a assumir novas funções e iniciativas de liderança para ajudar outras pessoas na comunidade Scratch. Você pode falar um pouco sobre isso?

Joren: Eu estava realmente envolvido com a comunidade Scratch, então queria descobrir formas de ajudá-la. No início, me tornei moderador dos fóruns de discussão, adicionava comentários construtivos aos tópicos e ajudava a tirar dúvidas de outros *scratchers*. Também ajudei a criar a Scratch Wiki, que registra tudo o que você pode imaginar sobre o Scratch. Ela foi criada de *scratchers* para *scratchers*.

Minha maior iniciativa foi o *site* Scratch Resources. O Scratch tem bibliotecas-padrão de atores, sons e planos de fundo, mas achei que seria interessante se os *scratchers* pudessem compartilhar seus próprios componentes uns com os outros. Por isso criei um *site* separado onde eles podem carregar e compartilhar atores, sons e planos de fundo. Foi algo útil para a comunidade e, com isso, também tive a oportunidade de aprender a criar um *site* de comunidade. Também pude trabalhar com outros *scratchers* que ofereceram ajuda para escrever alguns dos códigos e fazer a moderação do *site*.

Eu: De que maneira suas experiências com o Scratch influenciaram o modo como você trabalha em outros projetos?

Joren: Ao trabalhar em projetos do Scratch, realmente aprendi sobre esse processo. Em todos os projetos do Scratch em que trabalhei, comecei com alguma ideia vaga na mente, sem ao menos conseguir formular o que ela era. O Scratch permite que você se aprofunde e experimente. Você cria algo e depois começa a pensar "Quais são os defeitos?". Às vezes você consegue corrigir os problemas e desenvolver a ideia depois de algumas repetições. Em qualquer momento você pode se perguntar: "O que eu gostaria de acrescentar?". Você pensa na próxima etapa, trabalha nela e, então, se pergunta: "Isso está certo?". Se não funciona, você tenta corrigir ou pede a ajuda de alguém da comunidade.

Logo que você tem uma pequena ideia, não precisa necessariamente criar toda uma teoria sobre como formulá-la ou como pensar em um plano de conclusão; só precisa tentar fazer algo. Eu tento fazer isso com praticamente qualquer projeto: começo com algo tangível e sigo fazendo revisões. Você pode construir uma parte pequena e ver se funciona, e depois ir fazendo ajustes à medida que avança. Sua ideia é desenvolvida conforme você vê o que acontece.

É assim que venho trabalhando com praticamente tudo o que faço desde 2007, ou seja, durante uma grande parte da minha vida. Quando comecei a me interessar por desenvolver *sites*, eu agi da mesma maneira com que trabalhava nos projetos do Scratch. E hoje eu aprendo coisas no MIT desse mesmo jeito. Sempre que estou criando um aplicativo da *web*, um algoritmo ou algo com madeira, a abordagem da repetição realmente dá certo para mim. Eu tento usá-la sempre que posso.

Eu: Você aprendeu mais alguma coisa com suas experiências com o Scratch?

Joren: Por causa do Scratch, estou sempre tendo minhas próprias ideias para projetos e trabalhando em problemas pelos quais me interesso. É empolgante encontrar soluções para os problemas, mas é ainda mais animador encontrar soluções para os problemas que eu mesmo criei. Isso é muito mais motivador.

Em qualquer tipo de tarefa ou função que eu tenha, tudo flui muito melhor quando encontro algo pelo qual sou realmente apaixonado. Isso facilita a criação e a conclusão dos projetos. Seja qual for o objetivo geral, tento encontrar a parte mais envolvente ou a abordagem pessoalmente mais interessante para atingi-lo.

Paixão

PARTINDO DE INTERESSES

Em dezembro de 1989, recebi um telefonema de Natalie Rusk, na época coordenadora pedagógica do Computer Museum, em Boston. Natalie queria organizar atividades práticas para crianças e famílias que visitariam o museu durante uma semana de férias e pediu emprestado alguns materiais de robótica LEGO/Logo que estávamos desenvolvendo no MIT Media Lab. Eu vi isso como uma boa oportunidade de testar algumas de nossas novas tecnologias e atividades, então emprestei uma coleção dos nossos materiais LEGO/Logo para o museu.

No segundo dia da semana de férias, um grupo de quatro crianças apareceu no museu conversando em uma combinação de inglês com espanhol. Um dos meninos, de 11 anos, pegou um pequeno motor LEGO cinza, e um dos mentores do museu mostrou como ativá-lo. Empolgado, o menino chamou o amigo para ver: "¡*Mira, mira!* Veja isto!". As crianças trabalharam juntas na montagem de um carro com materiais LEGO e depois aprenderam a criar um programa em Logo para controlar seus movimentos. Elas voltavam ao museu diariamente, ansiosas para construir e aprender mais. Depois de brincar com o carro por um tempo, criaram e programaram um guindaste para levantá-lo. Outras usaram os materiais para construir e programar outras máquinas, inclusive uma esteira automatizada para uma fábrica de chocolates inspirada em Willy Wonka.

No final da semana, os materiais LEGO/Logo foram devolvidos para o MIT. Todos ficaram felizes com a experiência: as crianças, o museu e nosso grupo de pesquisa do MIT. Mas a história não termina aí. Na semana seguinte, as crianças voltaram ao museu, viram Natalie e perguntaram: "LEGO/Logo?". Natalie explicou que os materiais não estavam mais disponíveis. Elas andaram pelo museu, mas as exposições são normalmente concebidas para interações breves e não oferecem oportunidades para experiências abertas de criação. Elas saíram do museu desapontadas.

Algumas semanas depois, um administrador do Computer Museum enviou um *email* à equipe avisando para ficarem atentos a crianças entrando escondidas no museu. Eram as mesmas que participaram empolgadas das atividades LEGO/Logo. Agora, estavam enfrentando problemas com a segurança.

Natalie e eu queríamos ajudar. Tínhamos crianças ansiosas para trabalhar em projetos de *design* criativo, mas sem um lugar para isso. Procuramos os centros comunitários da área para ver se algum deles oferecia programas de atividades extracurriculares que pudessem interessá-las. Na época, em 1990, os centros comunitários estavam apenas começando a oferecer atividades com computadores. Alguns ministravam aulas sobre conceitos básicos de processamento de texto e planilhas; outros permitiam tempo livre de acesso para que os jovens pudessem se entreter com os jogos no computador. No entanto, nenhum deles oferecia oportunidades para desenvolverem seus próprios projetos criativos.

Nós começamos a imaginar um novo tipo de centro de aprendizagem que atendesse às necessidades e aos interesses dos jovens que haviam entrado escondidos no museu, bem como de outros dos bairros locais de baixa renda. O resultado foi o Computer Clubhouse, um espaço de aprendizagem em que os jovens têm acesso não só às últimas tecnologias digitais, mas também a pessoas que podem motivá-los e apoiá-los enquanto eles desenvolvem projetos criativos.

Quando concebemos o Computer Clubhouse, prestamos especial atenção ao segundo dos quatro Ps da aprendizagem criativa: a paixão. Queríamos que o clube fosse um lugar onde os jovens pudessem seguir seus interesses e paixões. Algumas pessoas da diretoria do Computer Museum sugeriram que talvez fosse necessário servir *pizza* todas as tardes para atrair os jovens. Achamos que seria uma boa ideia servir algo para comer, mas não que a comida seria a chave para atraí-los. Sentimos que, se oferecêssemos oportunidades para trabalharem em projetos com significado pessoal, eles ficariam ansiosos para ir ao Clubhouse, com ou sem *pizza*.

Foi o que aconteceu quando abrimos o primeiro Computer Clubhouse, em 1993. Jovens interessados em arte, música, vídeo e animação passaram a frequentá-lo e espalharam a novidade entre os amigos. Quando eles entravam no centro comunitário, os membros da equipe e os mentores adultos perguntavam a eles sobre seus interesses e, em seguida, os ajudavam a iniciar projetos relacionados a esses interesses. E cada jovem tinha interesses diferentes:

- Alguns estavam empolgados com mídias e tecnologias específicas. Por exemplo, uns queriam aprender a fazer vídeos, outros queriam saber como remixar músicas, e havia os que queriam aprender a montar robôs.
- Outros queriam trabalhar em projetos relacionados a seus passatempos preferidos. Um membro do Clubhouse que adorava andar de *skate* criou um *site* com ilustrações que mostravam como executar diferentes manobras.
- Outros ainda se inspiraram em eventos específicos de suas vidas. Um participante cuja família havia imigrado recentemente de avião para os Estados Unidos trabalhava em uma série de projetos — vídeo, animação e modelos 3D —, todos com aviões.
- E alguns se inspiraram em pessoas com quem se importavam. Dois irmãos cujo pai havia morrido quando eram mais novos e que não tinham fotos de seus pais juntos usaram o Photoshop para combinar fotos individuais de sua mãe e de seu pai.

Com frequência, os membros do Clubhouse trabalhavam por muitas horas nesses projetos, e voltavam diariamente. Em determinado momento, a professora de uma escola local veio visitar a organização e ficou chocada ao ver um de seus alunos trabalhando em um projeto de animação 3D. Ela disse que ele estava sempre brincando em sala de aula, e que nunca o havia visto se esforçando tanto.

Ao longo dos anos, vimos muitas situações semelhantes com outros participantes do Clubhouse. Um adolescente que, na escola, mostrava pouco interesse em ler, passou horas lendo o manual de referência de um *software* de animação profissional. Outros jovens que pareciam desinteressados ou distraídos na escola trabalhavam sem parar em projetos no clube.

Em comparação à maioria das escolas, o Clubhouse oferece aos jovens uma liberdade de escolha muito maior: eles estão sempre fazendo escolhas sobre o que fazer, como fazer e com quem trabalhar. A equipe e os mentores ajudam os jovens a ganhar experiência com a aprendizagem autodirigida, ajudando-os a reconhecer, a confiar, a desenvolver e a aprofundar seus próprios interesses e talentos.

Muita coisa mudou desde que começamos o primeiro Computer Clubhouse, há mais de 20 anos. Naquela época, ninguém tinha celular e poucas pessoas tinham ouvido falar em internet. Hoje, as tecnologias são muito diferentes, com as impressoras 3D e a proliferação de redes sociais, e o centro comunitário inicial em Boston cresceu e se tornou uma rede internacional com 100 Clubhouses em comunidades de vulnerabilidade social em todo o mundo. Em meio a toda essa mudança, a importância da paixão permaneceu a mesma, continuando a potencializar a motivação e a aprendizagem em toda a rede.

PAREDES AMPLAS

Ao discutir o uso de tecnologias no apoio à aprendizagem e à educação, Seymour Papert sempre enfatiza a importância de "pisos baixos" e "tetos altos". Ele defende que, para que uma tecnologia seja eficaz, ela deve proporcionar maneiras fáceis para os iniciantes darem os primeiros passos (pisos baixos), mas também maneiras de trabalhar em projetos cada vez mais sofisticados ao longo do tempo (tetos altos). Com a linguagem de programação Logo, por exemplo, as crianças podem começar desenhando quadrados e triângulos simples e, gradativamente, passar a criar padrões geométricos mais complexos.

Enquanto meu grupo, o Lifelong Kindergarten, desenvolve novas tecnologias e atividades, seguimos os conselhos de Seymour visando aos pisos baixos e tetos altos, mas também adicionamos outra dimensão: "paredes amplas". Ou seja, tentamos desenvolver tecnologias que apoiem e proponham uma ampla variedade de projetos. Oferecer um único caminho do piso baixo ao teto alto não basta, é importante proporcionar vários caminhos. Por quê? Queremos que todas as crianças trabalhem em projetos baseados em suas próprias paixões e interesses pessoais, e como crianças diferentes têm paixões diferentes, precisamos de tecnologias compatíveis com vários tipos de projetos. Dessa forma, todas podem trabalhar em projetos que sejam pessoalmente relevantes para elas.

Nossa linguagem de programação Scratch, por exemplo, foi elaborada explicitamente para que as pessoas pudessem criar uma grande diversidade de projetos – não apenas jogos, mas também histórias interativas, arte, música, animações e simulações. De forma semelhante, quando desenvolvemos e introduzimos novas tecnologias de robótica, nosso objetivo é permitir que todos criem projetos baseados em seus próprios interesses; não apenas robôs tradicionais, mas também esculturas interativas e instrumentos musicais. Quando avaliamos o desempenho de nossas tecnologias e *workshops*, um dos nossos principais critérios para o sucesso é a diversidade de projetos criados. Se os projetos são todos parecidos, sentimos que algo deu errado, ou seja, as paredes não foram amplas o suficiente.

Como exemplo, posso descrever um *workshop* de robótica de duas semanas que nossa equipe de pesquisa do MIT ajudou a organizar para um grupo de meninas de 10 a 13 anos de um Computer Clubhouse de Boston. Propusemos um desafio: "Se você pudesse inventar algo para melhorar o seu dia a dia, o que seria?".

As meninas tiveram acesso a vários tipos de ferramentas e materiais no *workshop*. Havia uma mesa cheia de materiais de artesanato: pompons, limpadores de cachimbos, pedaços de feltro, bolas de isopor, fios de tecido, papéis e canetinhas coloridas, além de rolos de fita adesiva, tesouras, pistolas de cola quente e outras ferramentas para cortar e conectar. Em outra mesa, havia grandes baldes com blocos de LEGO, e não apenas os tradicionais para construção de casas e outras estruturas, mas também motores e sensores LEGO e uma nova geração de blocos programáveis, pequenos o suficiente para caber na palma da mão.

Quando Tanya viu esses materiais, ela soube de imediato o que queria criar: uma casa para seu *hamster* de estimação. Construiu a casa com blocos LEGO, depois usou materiais de artesanato para decorar e adicionar móveis. Tanya também queria que seu *hamster* tivesse algumas conveniências modernas, então decidiu colocar uma porta automática, igual às dos *shoppings*. Conectou um motor à porta da casinha e, perto dela, colocou um sensor de luz e uma peça programável. Sempre que o *hamster* se aproximava da porta, ele projetava uma sombra sobre o sensor de luz, fazendo a porta se abrir.

Em princípio, Tanya queria uma porta apenas como conveniência para seu *hamster* de estimação; depois, percebeu que poderia usar o sensor de luz para coletar dados sobre o pequeno animal. Ela ficou curiosa para saber o que o *hamster* fazia a noite toda enquanto ela dormia, e decidiu fazer uma experiência: desenvolveu um programa para rastrear o *hamster* todas as vezes que ele ativasse o sensor de luz (ou seja, sempre que entrasse ou saísse da casa). Dessa forma, quando Tanya acordasse pela manhã, poderia descobrir o que o *hamster* havia feito a noite toda. O que ela descobriu? Houve longos períodos sem qualquer atividade, quando o *hamster* provavelmente estava dormindo, mas em outros períodos houve uma atividade intensa. Durante essas explosões de atividade, a porta da casa se abriu repetidamente, depois fechou, abriu e fechou-se novamente, conforme o *hamster* entrava e saía várias vezes.

Enquanto Tanya fazia a experiência com a casa do *hamster*, Maria trabalhava em um projeto muito diferente. Seu passatempo favorito era patinar: adorava atravessar o parque com seus patins a toda velocidade, e sempre se perguntava a que velocidade estava andando. Será que os novos blocos programáveis LEGO poderiam ajudá-la a descobrir?

Um dos mentores adultos mostrou a Maria como anexar um pequeno ímã a uma das rodas de seus patins e, em seguida, como usar um pequeno sensor magnético para detectar cada vez que o ímã girava. Com isso, Maria conseguiu descobrir o número de vezes que suas rodas de patins giravam a cada segundo, mas ela queria saber sua velocidade em quilômetros por hora. Quando andava no carro da sua mãe, via o velocímetro mostrar 50 ou 60 km/h, por exemplo. Como poderia comparar sua velocidade ao patinar com a velocidade do carro?

Na escola, a professora já havia ensinado como converter uma unidade de medida em outra, mas Maria não tinha prestado atenção. Na época, não parecia muito importante, mas agora queria aprender. Ela realmente queria saber a velocidade que conseguia atingir com seus patins. Com um pouco de ajuda de um mentor no *workshop*, descobriu como fazer a multiplicação e a divisão necessárias para converter rotações por segundo em quilômetros por hora. A velocidade resultante não era tão rápida quanto ela esperava, mas ficou muito satisfeita por ter descoberto.

Do outro lado da sala, Latisha estava trabalhando em um sistema de segurança para o diário em que escrevia todas as noites. Vários registros eram muito pessoais, e ela não queria que ninguém mais lesse, especialmente seu irmão. Depois de ver uma demonstração dos blocos programáveis LEGO, ela queria encontrar uma maneira de proteger seu diário. Anexou um sensor de toque ao fecho do diário, construiu um mecanismo para pressionar o botão de sua câmera e escreveu uma regra simples "se-então" para a peça programável: se o sensor de toque fosse pressionado (no fecho do diário), então o mecanismo para pressionar o botão na câmera seria ativado. Assim, caso seu irmão ou qualquer outra pessoa tentasse abrir o diário enquanto Latisha não estivesse por perto, a câmera tiraria uma foto como prova.

Muitos fatores contribuíram para o sucesso do *workshop*. As meninas tiveram fácil acesso a uma grande variedade de materiais (tanto novos como familiares, de alta e de baixa tecnologia) para estimular sua imaginação. Tiveram tempo suficiente para experimentar e explorar, para persistir quando se deparassem com problemas, para refletir e encontrar novos caminhos quando as coisas dessem errado. Também receberam suporte de uma equipe de mentores criativos e atenciosos, que faziam perguntas com a mesma frequência que ofereciam respostas e as incentivavam continuamente a experimentar novas ideias e a compartilhá-las entre si.

Mais importante, as meninas tiveram apoio para fazer coisas que eram interessantes para elas. Tanya não estava construindo uma casa para qualquer *hamster*, mas para o seu próprio *hamster* de estimação. Maria estava coletando dados relacionados ao seu passatempo favorito. Latisha estava protegendo algo seu que era muito precioso. As "paredes amplas" do *workshop* levaram a uma diversidade de projetos e a uma enxurrada criativa.

DIVERSÃO TRABALHOSA

Benjamin Franklin certa vez escreveu: "Investir em conhecimento rende sempre os melhores juros". Eu sugeriria uma mudança nessa máxima: "Investir em interesses sempre gera o melhor conhecimento".

Quando as pessoas trabalham em projetos nos quais têm interesse, parece óbvio que estejam mais motivadas e dispostas a trabalhar mais e por mais tempo, mas isso não é tudo. A paixão e a motivação tornam mais provável que elas se conectem com ideias novas e desenvolvam novas formas de pensar. O investimento delas em interesses pessoais rende novos conhecimentos.

Em princípio, alguns interesses juvenis podem parecer triviais ou superficiais, mas com o apoio e o incentivo adequados, os jovens podem construir redes de conhecimento relacionadas aos seus interesses. O interesse em andar de bicicleta, por exemplo, pode levar a pesquisas sobre engrenagens, física do equilíbrio, evolução dos veículos ao longo do tempo ou impacto ambiental de diferentes meios de transporte.

Ao visitar os centros comunitários, muitas vezes encontro jovens desiludidos com a escola e que prestam pouca atenção às ideias apresentadas em sala de aula, mas, quando encontram as mesmas ideias no contexto de um projeto do Clubhouse com o qual se importam, eles se envolvem profundamente.

Em uma visita a um clube em Los Angeles, conheci Leo, um garoto de 13 anos que gostava de jogar *videogames* no computador. No Clubhouse, trabalhando com mentores do grupo de pesquisa de Yasmin Kafai, ele aprendeu a usar o Scratch para criar seus próprios jogos. Ele me mostrou com orgulho um de seus jogos no Scratch e ficou claro que havia trabalhado intensamente no projeto. Com base em seu interesse em jogar, Leo desenvolveu uma paixão pela criação de jogos.

Mas, no dia da minha visita, Leo estava frustrado. Ele achava que o seu jogo seria muito mais interessante para outras pessoas se pudesse registrar a pontuação; queria que a pontuação aumentasse sempre que o personagem principal do jogo matasse um monstro, mas não sabia como fazer isso. Ele tentou diversas abordagens, mas nenhuma funcionou.

Mostrei um recurso do Scratch que ele não tinha visto antes: uma variável. Juntos, Leo e eu criamos uma variável chamada *pontuação*. O *software* adicionou automaticamente uma pequena caixa na tela com o valor da *pontuação* e também criou uma coleção de novos blocos de programação para acessar e modificar o valor da *pontuação*. Um dos blocos tinha esta instrução: *adicionar 1 à pontuação*. Quando Leo viu esse bloco, soube imediatamente o que fazer: incluiu o novo bloco em seu programa no local onde queria que a pontuação aumentasse. Ele testou o programa recém-revisado novamente, e ficou muito empolgado ao ver a pontuação aumentar cada vez que matava um monstro no jogo.

Leo estendeu a mão para apertar a minha, exclamando: "Obrigado! Obrigado! Obrigado!". Me senti tão bem ao vê-lo tão animado, e me perguntei: "Quantos alunos agradecem seus professores de álgebra por ensiná-los sobre variáveis?". Isso não acontece, é claro, porque a maioria das aulas de álgebra apresenta as variáveis de uma forma que não está ligada aos interesses e às paixões dos estudantes. A experiência de Leo no Clubhouse foi diferente, pois ele se preocupava com as variáveis porque elas eram importantes para o seu jogo.

Histórias como a de Leo são comuns na comunidade Scratch. Uma menina de 12 anos estava criando uma animação com duas personagens e, para fazer com que elas se encontrassem em um ponto específico na tela ao mesmo tempo, precisava aprender sobre a relação entre tempo, velocidade e distância. Uma garota de 9 anos estava criando uma resenha animada do livro *A teia de Charlotte* para sua turma do 3º ano e, para fazer os animais aparecerem em distâncias diferentes, precisava aprender sobre o conceito artístico de perspectiva e o conceito matemático de escala. Essa aprendizagem não acontece facilmente. As crianças dessas histórias tiveram um trabalho árduo para aprender sobre variáveis, velocidade, perspectiva e escala, e estavam dispostas a trabalhar muito porque se importavam com os projetos que estavam criando.

Seymour Papert usou o termo *diversão trabalhosa* para descrever esse tipo de aprendizagem. Muitas vezes, professores e editores de materiais educacionais tentam facilitar as lições, acreditando que as crianças querem que as coisas sejam fáceis, mas não é assim que funciona. A maioria está disposta a trabalhar duro (até mesmo *anseia* por isso), desde que esteja pessoalmente engajada ao que estiver fazendo.

Quando as crianças se envolvem em uma atividade de diversão trabalhosa, elas também se envolvem com as ideias associadas à atividade. É comum ouvir os adultos falarem bem de atividades que são "tão divertidas que as crianças nem percebem que estão aprendendo", mas esse não deve ser o objetivo. É importante que elas reflitam sobre a aprendizagem, pensem de maneira clara sobre novas ideias e estratégias. Depois que Leo usou as variáveis para acompanhar a pontuação em seu jogo, ele quis saber mais sobre variáveis. O que mais as variáveis poderiam fazer? De que outra forma ele poderia usá-las?

As melhores experiências de aprendizagem alternam entre fases de imersão e reflexão. Edith Ackermann, psicóloga do desenvolvimento, descreveu o processo como *mergulhar* e *se distanciar*. Quando as pessoas trabalham em projetos pelos quais são apaixonadas, se dispõem a mergulhar e a se aprofundar, a trabalhar por horas ou mais, e quase não percebem que o tempo está passando. Elas entram em um estado que o psicólogo Mihaly Csikszentmihalyi chama de *fluxo*, no qual são completamente absorvidas pela atividade.

Mas também é importante elas se distanciarem e refletirem sobre suas experiências. Por meio da reflexão, fazem conexões entre ideias, desenvolvem uma compreensão mais profunda sobre as estratégias mais produtivas e se preparam melhor para transferir o que aprenderam para novas situações no futuro. A imersão sem reflexão pode ser satisfatória, mas não completa.

A paixão é o combustível que impulsiona o ciclo de imersão-reflexão, e isso se aplica aos estudantes de todas as idades. Quando meus alunos de pós-graduação do MIT procuram temas para suas teses, eu sempre digo que é essencial encontrar assuntos pelos quais sejam apaixonados. Explico que pesquisar e escrever uma tese é um trabalho difícil, com muitos obstáculos e frustrações ao longo do caminho, e haverá momentos em que eles terão vontade de desistir. A única maneira de persistir e perseverar frente a todos os desafios é trabalhando em assuntos pelos quais sejam realmente apaixonados.

GAMIFICAÇÃO

Na série de conferências TED, em 2011, Sal Khan fez uma apresentação chamada *Let's use video to reinvent education* (Vamos usar o vídeo para reinventar a educação). Na ocasião, ele falou sobre seu trabalho na Khan Academy, um *site* amplamente reconhecido que oferece breves vídeos educacionais com lições sobre matemática, ciências, arte, economia, entre outras disciplinas. Ao final da apresentação, o fundador da Microsoft, Bill Gates, se juntou a Khan no palco e fez algumas perguntas a ele. Esta parte da conversa chamou a minha atenção:

Gates: Tenho visto algumas coisas que vocês fazem no sistema que têm a ver com motivação e *feedback*, como pontos de energia e medalhas. Conte-me, o que vocês estavam pensando quando criaram isso?

Khan: Sim, nós colocamos um pouco da mecânica de jogos no sistema, na qual os alunos ganham essas medalhas. Nós vamos começar a ter tabelas de classificação, divididas por área, e os estudantes vão ganhar pontos. É bem interessante na verdade. Só de mencionar as medalhas ou quantos pontos é possível ganhar por fazer algo, vemos em todo o sistema dezenas de milhares de alunos de 5º e 6º anos indo em uma direção ou outra, dependendo da medalha que oferecemos.

O público então cai na risada e começa a aplaudir, adorando a ideia de os estudantes poderem ser orientados para essa ou aquela direção com a simples oferta de pontos e medalhas.

Esse exemplo não é o único. Quase todo mundo, ao que parece, se interessou pela gamificação da educação. Quando as crianças estão brincando com algum jogo no computador, são claramente motivadas pelo acúmulo de pontos e outras recompensas, então por que não aplicar a mesma abordagem à educação? Se puderem receber pontos e recompensas em atividades educacionais da mesma forma que acontece nos jogos, não ficarão mais motivadas a aprender?

A gamificação se transformou em uma sabedoria convencional. Nas salas de aula, as crianças são recompensadas com adesivos e estrelas douradas; nos aplicativos educacionais, ganham pontos e medalhas. Essa abordagem vem de uma longa tradição da psicologia educacional. Pesquisadores como Edward Thorndike e B. F. Skinner, pioneiros de um ramo da psicologia conhecido como *behaviorismo*, demonstraram o poder de se oferecer recompensas para incentivar o comportamento desejado, e suas teorias tiveram grande influência sobre as estratégias de gerenciamento em salas de aula e locais de trabalho durante todo o século XX.

Entretanto, pesquisas recentes questionam o valor da abordagem behaviorista em longo prazo, especialmente no que diz respeito às atividades criativas. Não se pode negar que as recompensas podem ser usadas para motivar as pessoas a mudar de comportamento a curto prazo, mas os efeitos a longo prazo são muito diferentes. Em seu livro *Motivação 3.0: os novos fatores motivacionais para a realização pessoal e profissional*, Daniel Pink descreve as diferenças da seguinte forma: "As recompensas têm um efeito temporário. Como a cafeína, que deixa a gente elétrico por mais algumas horas. Mas o efeito passa e, o que é pior, pode reduzir a motivação principal da pessoa de dar continuidade ao projeto".

Pink fala sobre diversas pesquisas que demonstram os limites do uso de recompensas visando à motivação. Em uma delas, de Edward Deci, estudantes universitários tinham que montar quebra-cabeças feitos de blocos. Eles foram divididos em dois grupos: um era pago por quebra-cabeça que conseguia montar, enquanto o outro não recebia nada. Sem nenhuma surpresa, os alunos que eram pagos passaram mais tempo tentando montar os quebra-cabeças do que os que não eram pagos. No dia seguinte, os estudantes foram convidados a montar mais quebra-cabeças, mas, dessa vez, nenhum deles receberia nada. O que aconteceu? Aqueles que tinham sido pagos da primeira vez se dedicaram aos quebra-cabeças por menos tempo do que os que não haviam sido pagos nenhuma vez. Ou seja, os que receberam um pagamento no primeiro dia ficaram menos motivados do que os que nunca receberam pagamento algum.

Outro estudo, feito por Mark Lepper e colaboradores, envolvia crianças do jardim de infância no lugar de universitários, e certificados em vez de dinheiro, mas os resultados foram semelhantes. Algumas crianças poderiam receber certificados de "bom trabalho" por fazer desenhos em papel, enquanto outras não receberiam certificado algum. Duas semanas depois, as crianças foram orientadas a fazer mais desenhos, mas nenhum certificado seria oferecido. Nessas condições, as que receberam certificados da primeira vez demonstraram menos interesse e passaram menos tempo desenhando.

Os efeitos das recompensas são piores quando o assunto é atividade criativa. Em alguns estudos, pesquisadores pediram que as pessoas resolvessem problemas que exigiam pensamento criativo, e os participantes demoravam mais quando eram pagos pelas soluções. A atratividade de uma recompensa ou pagamento parece limitar o foco das pessoas e restringir sua criatividade. De maneira semelhante, a pesquisadora Teresa Amabile analisou pinturas e esculturas de artistas e descobriu que eles produziam obras menos criativas quando eram pagos por seu trabalho — inclusive nos casos em que não havia restrições sobre suas criações.

Se seu objetivo é treinar alguém para realizar uma tarefa específica em determinado tempo, a gamificação pode ser uma estratégia eficiente. Transforme a tarefa em um jogo, oferecendo pontos ou outros incentivos como recompensa, e as pessoas tenderão a aprender a tarefa mais rápida e eficientemente. Mas, se seu objetivo é ajudar as pessoas a se desenvolverem como pensadoras criativas e aprendizes por toda a vida, vai precisar de outras estratégias. Em vez de oferecer recompensas *externas*, é melhor aproveitar a motivação *interna* das pessoas, ou seja, o desejo delas de trabalhar em problemas e projetos que elas acham interessantes e satisfatórios.

É essa a abordagem que adotamos na comunidade *on-line* Scratch. Ao contrário da maioria dos *sites* para crianças, o Scratch não oferece pontos, medalhas ou níveis explícitos. Nossa meta é manter o foco na atividade criativa que é fazer histórias interativas, jogos e animações. Queremos que os jovens acessem o *site* do Scratch porque eles gostam de criar e compartilhar projetos, não pelo atrativo de prêmios e recompensas.

É verdade que nossa equipe Scratch do MIT escolhe alguns projetos para colocar em destaque na página inicial. Isso pode ser visto como um tipo de recompensa e, na realidade, os membros da comunidade ficam muito empolgados quando seus projetos são destacados no *site*, mas nossa intenção é destacar os projetos criativos que podem servir de inspiração para a comunidade, e não recompensar pessoas específicas. Se visitar a página de perfil de um integrante, verá que em nenhum lugar é mencionado quantas vezes os projetos dele ficaram em destaque. Em vez disso, o maior foco da página de perfil é dado aos projetos que criou e compartilhou. Queremos que os membros da comunidade Scratch sintam orgulho de seu portfólio de projetos, não das recompensas que receberam.

Alguns deles tentam gamificar o *site* por conta própria, transformando qualquer número que apareça no *site* em uma competição: quem tem mais projetos? Quem tem mais seguidores? De que projeto as pessoas mais gostaram? No desenvolvimento do *site*, tentamos desencorajar esse tipo de competição, pois não queremos que os integrantes da comunidade passem todo o tempo tentando acumular mais disso ou daquilo. Por exemplo, quando um membro já criou mais de 100 projetos, a página de perfil dele indica "100+ projetos", não o número exato. Preferimos que eles se concentrem na criatividade e na diversidade de seus projetos, não em quem criou mais.

Entendemos o apelo das recompensas externas e da gamificação, mas também sabemos que a motivação interna é a chave para o envolvimento e a criatividade em longo prazo.

PERSONALIZAÇÃO

Parece que, nos últimos anos, todos passaram a se interessar pela *aprendizagem personalizada*. O termo é adotado por um grande número de educadores, pesquisadores, desenvolvedores e legisladores, no entanto, o consenso é menor do que parece. Quando observamos mais de perto o que as pessoas dizem sobre aprendizagem personalizada, fica evidente que usam o termo de maneiras muito diferentes.

A divergência no modo como as pessoas pensam sobre a aprendizagem personalizada se tornou mais clara para mim há alguns anos, quando fui convidado a fazer a palestra de abertura em uma conferência organizada por uma grande editora do ramo da educação. Eu tinha certa cautela com relação à empresa devido ao seu papel como principal desenvolvedora e defensora de testes padronizados para escolas, mas fiquei intrigado quando vi que a aprendizagem personalizada era um dos principais temas da agenda da conferência, pois talvez fosse uma área na qual pudéssemos ter certo nível de identificação. No espectro entre padronização e personalização na educação, minhas preferências certamente estão voltadas para a personalização.

Quando a conferência começou, descobri rapidamente que seus organizadores entendiam a personalização de uma maneira totalmente diferente da minha. As palestras da conferência tinham como foco novos sistemas de *software* desenvolvidos para personalizar a transmissão de instruções aos estudantes. Periodicamente, o *software* fazia perguntas aos estudantes e, em seguida, personalizava a instrução seguinte com base nas respostas que eles davam às perguntas. Se um aluno desse uma resposta incorreta, o sistema fornecia mais instruções sobre o assunto. Por exemplo, se um aluno cometesse um erro ao converter polegadas em centímetros, o sistema poderia mostrar uma animação ou vídeo ilustrando estratégias de conversão entre diferentes unidades de medida.

É fácil entender o apelo desses sistemas personalizados, especialmente quando eles são comparados aos sistemas que oferecem as mesmas instruções a todos os alunos, independentemente do que eles saibam ou das respostas que eles deem às perguntas. Quem não gostaria de ter um tutor pessoal que se adapta continuamente às suas necessidades individuais? E, com os sucessivos avanços nas áreas do aprendizado de máquina e da inteligência artificial, o desempenho desses sistemas de orientação personalizada tende a melhorar no futuro.

Mas minha visão quanto aos sistemas de orientação personalizada é cética. Um dos problemas é que esses sistemas tendem a funcionar apenas nas áreas com conhecimentos altamente estruturados e bem-definidos. Nessas áreas, os computadores podem avaliar a compreensão dos alunos por meio de questões de múltipla escolha e outras avaliações objetivas, entretanto, as máquinas não podem avaliar a criatividade de um desenho, a beleza de um poema ou a ética de um argumento. Se as escolas passarem a contar mais com sistemas de orientação personalizada, elas acabarão dando mais foco aos domínios de conhecimentos mais fáceis de serem avaliados de forma automatizada?

De importância ainda maior é a questão do controle. Nós realmente queremos que sistemas computadorizados controlem o ritmo, a direção e o conteúdo do processo de aprendizagem? Minha visão de aprendizagem personalizada é bem diferente; nela, o estudante tem mais opções sobre o processo de aprendizagem. Gostaria que os alunos tivessem mais controle sobre o que, como, quando e onde aprendem. Quando eles têm mais opções e controle, podem partir de seus interesses e paixões, e a aprendizagem se torna mais pessoal, motivadora e significativa.

Algumas iniciativas de aprendizagem personalizada dão aos estudantes mais controle, permitindo que eles montem as próprias listas de conteúdo a partir de "módulos de aprendizagem" e decidam quando trabalhar em cada módulo e por quanto tempo. Esse é um passo na direção certa, mas ainda é limitante: nessas iniciativas, os alunos têm controle sobre a ordem e o ritmo das atividades, mas não têm controle algum sobre as atividades em si.

Quando desenvolvemos o *site* de programação Scratch, queríamos ter certeza de que todos pudessem traçar os próprios caminhos personalizados. Desenvolvemos o *site* para apoiar todos os diferentes tipos de projetos (jogos, histórias, animações), de modo que todas as pessoas pudessem trabalhar em projetos alinhados aos próprios interesses e paixões. Incluímos uma grande variedade de tutoriais para oferecer diversos caminhos de como começar a utilizar o Scratch. Quer animar seu nome? Existe um tutorial para isso. Quer criar um jogo de *ping pong*? Existe um tutorial para isso também. Quer fazer um cartão interativo de feliz aniversário para um amigo? Sim, temos o tutorial.

Para auxiliar as crianças a personalizar seus projetos, nós as auxiliamos a importar imagens e sons de outros *sites* mais facilmente. Também as ajudamos a "se colocarem dentro do projeto", usando a câmera e o microfone de seus computadores. Desenvolvemos um editor de pintura fácil de usar, para que pudessem desenhar os próprios personagens e cenários para seus projetos. Algumas pessoas questionaram por que investimos tantos esforços nessas ferramentas e recursos de mídia. Por que não focar apenas em ajudar as crianças a aprenderem a programar? Logo depois que lançamos o Scratch, recebemos esta mensagem de um cientista da computação (e pai de um *scratcher*) que, a princípio, estava cético quanto à nossa abordagem:

> Tenho que admitir que no início eu não entendia por que a linguagem de programação para as crianças precisava ser tão centrada em mídias, mas depois de ver meus filhos interagindo com o Scratch, tudo ficou muito mais claro para mim. Uma das coisas mais legais que vi no Scratch foi que o *site* personalizou a experiência de desenvolvimento de novas maneiras, abrindo o caminho para que meus filhos adicionassem conteúdo personalizado e participassem ativamente do processo de desenvolvimento. (...) Eles podiam adicionar as PRÓPRIAS imagens e as PRÓPRIAS vozes ao ambiente do Scratch, o que proporcionou a eles várias horas de diversão e os levou a aprender.

A abordagem do Scratch à personalização contrasta radicalmente com a maioria dos *sites* que ensina a programar, que apresenta a programação às crianças por meio de uma série de desafios a serem resolvidos. Como os desafios são padronizados, os *sites* podem monitorar o progresso das crianças e oferecer instruções e conselhos personalizados, mas eles oferecem poucas ou nenhuma oportunidade de se expressarem de maneira pessoal. A abordagem do Scratch é totalmente o oposto disso. Como as crianças podem criar o que quiserem no Scratch, é difícil dar *feedback* ou orientações de forma automática, mas a vantagem está em nos conectarmos com os interesses delas e catalisarmos sua imaginação.

TENSÕES E COMPROMISSOS: ESTRUTURA

Às vezes, as pessoas dizem que os centros comunitários se baseiam em uma abordagem "desestruturada" à aprendizagem. Isso me incomoda. É verdade que desenvolvemos os Clubhouses para que eles fossem muito diferentes das salas de aula de escolas tradicionais — não queríamos um professor diante dos alunos dando aulas, e não queríamos oferecer um currículo padronizado, com todos os membros tendo que trabalhar nas mesmas atividades ao mesmo tempo e na mesma ordem. Mas prefiro entender que os Clubhouses têm uma estrutura diferente, em vez de estrutura alguma.

Mostramos aos membros da organização exemplos de projetos para inspirar sua imaginação. Isso é uma forma de estrutura. Nós organizamos eventos especiais em que os participantes expõem seu trabalho. Isso também é uma forma de estrutura. Permitimos que mentores adultos ajudem os membros com seus projetos. E isso também é outra forma de estrutura.

Um dos princípios orientadores da abordagem do Computer Clubhouse é o de que os integrantes devem poder trabalhar em projetos pelos quais eles realmente se interessam. Devem ter a liberdade de seguir seus sonhos. Ao mesmo tempo, é importante que ofereçamos o apoio e as estruturas de que precisam para transformar seus sonhos em realidade.

Encontrar o equilíbrio ideal entre liberdade e estrutura é a chave para criar um ambiente fértil para a aprendizagem criativa. Isso se aplica aos Clubhouses, mas também às salas de aula, lares, bibliotecas, museus e demais locais. Muitas vezes, as pessoas criam uma dicotomia entre liberdade e estrutura, e colocam os ambientes de aprendizagem em uma categoria ou na outra. A verdade é que todos os ambientes de aprendizagem envolvem certo grau de liberdade e certo grau de estrutura; o desafio é encontrar a combinação certa e as formas adequadas de estrutura.

Em alguns casos, quando novos membros da equipe e mentores começam a trabalhar em Computer Clubhouses, eles têm dificuldade para entender o equilíbrio entre liberdade e estrutura. Quando ouvem que os centros comunitários incentivam os jovens a trabalhar partindo dos próprios interesses, presumem que os adultos precisam sair do caminho e deixar que os participantes façam tudo sozinhos. Por exemplo, uma vez ouvi a proposta de um mentor sobre uma oficina para ajudar os membros do Clubhouse a aprenderem a criar revistas em quadrinhos animadas. Um integrante da equipe recusou a ideia de imediato, explicando: "Nós não fazemos oficinas aqui. Nós deixamos que os membros sigam os próprios interesses".

Existe uma compreensão equivocada sobre a abordagem do Clubhouse nesse caso. É claro que eu seria contra organizar uma atividade obrigatória, na qual todos os integrantes tivessem que aprender sobre revistas em quadrinhos animadas. Mas, contanto que eles tivessem a opção de participar ou não, acho que seria uma excelente ideia oferecer oficinas aos membros do Clubhouse. Essas atividades podem ajudá-los a descobrir em que áreas eles têm interesse (ou não) e também a aprender novas habilidades que seriam úteis para buscar seus interesses.

Karen Brennan é responsável por uma das pesquisas mais profundas sobre essas questões, explorando a relação entre *estrutura* e *autonomia*. Em sua tese de doutorado, Karen estudou o modo como os jovens utilizam o Scratch em dois contextos diferentes: em casa (por meio da comunidade *on-line*) e em salas de aula. Ela observou que as pessoas tendem a ver esses dois contextos como extremos opostos: a comunidade *on-line* é geralmente vista como um lugar onde os jovens têm muita autonomia sem muita estrutura, e a liberdade de decidir que tipos de projetos do Scratch vão criar e como vão fazer isso; por outro lado, as salas de aula costumam ser vistas como um lugar com muita estrutura, mas pouca autonomia para os estudantes.

Em seus estudos, Karen descobriu que existem problemas tanto quando há muita estrutura como quando há pouca estrutura. Com muita estrutura, os jovens não conseguem trabalhar naquilo que querem. Com pouca estrutura, muitos deles não conseguem ter ideias ou dar continuidade a elas. Karen rejeita a ideia de que estrutura e autonomia devam ser vistas como opostas. Ela defende o "melhor dos dois mundos", propondo ambientes de aprendizagem que "empreguem a estrutura de modo que ela amplifique a autonomia do aluno".

Jay Silver tratou de questões semelhantes enquanto desenvolvia *kits* de invenção para crianças (como o *Makey Makey*, criado em parceria com Eric Rosenbaum). Jay quer que seus *kits* sejam abertos à criação para que as crianças possam inventar qualquer coisa que imaginarem, mas ele também reconhece que algumas precisam de mais estrutura e suporte no início. Para muitas pessoas, não há nada mais assustador do que uma página em branco (ou uma tela em branco, seja a de pintar, seja a do computador) no início de um projeto criativo. Assim, Jay pretende criar ambientes de aprendizagem de "início fechado", mas de "final aberto", ou seja, ambientes que ofereçam mais estrutura ou suporte no início de um projeto, mas sem restringir os estudantes a buscarem os próprios interesses, ideias e metas ao longo do tempo.

Enquanto desenvolvemos versões futuras do Scratch, lidamos com problemas parecidos. Embora milhões de crianças do mundo todo estejam criando jogos, histórias e animações com o Scratch, sabemos que algumas delas têm dificuldade de começar a usá-lo; elas olham para o *site* e se sentem perdidas com tantas opções. Precisamos oferecer mais estrutura e suporte para ajudá-las a dar os primeiros passos, mas, ao mesmo tempo, queremos ter certeza de que os recém-chegados terão a oportunidade de buscar seus interesses e paixões, uma vez que esta é a alma da experiência no Scratch.

Para resolver esse desafio, estamos criando uma coleção de *micromundos baseados em interesses*. Cada micromundo será uma versão simplificada do Scratch com um conjunto limitado de blocos de programação e ativos gráficos cuidadosamente escolhidos para apoiar determinados tipos de projetos. Por exemplo, um dos micromundos é adequado para criar animações de dança *hip-hop*, e outro é desenvolvido para jogos interativos de futebol. Cada micromundo é restrito, proporcionando um ponto de partida mais confortável para os recém-chegados, mas ainda aberto o suficiente para que as crianças possam se expressar de maneira criativa. E, o que também é importante, elas podem importar seus projetos de micromundos para o ambiente completo do Scratch; assim, haverá um caminho tranquilo para trabalharem em projetos mais complexos e variados quando estiverem prontas para isso.

Nossa meta final é oferecer uma estrutura que apoie e simplifique a experiência dos recém-chegados, ao mesmo tempo em que permite que novos *scratchers* busquem seus interesses e se expressem criativamente.

COM A PALAVRA, AS CRIANÇAS: JALEESA

Durante sua infância, Jaleesa foi membro do Computer Clubhouse de Tacoma, em Washington. Hoje, com 28 anos, é a coordenadora desse centro comunitário, além de dar aulas de ciência da computação em uma escola de ensino médio local.

Eu: Como foi seu primeiro contato com a organização?

Jaleesa: Na verdade, quando fui ao Computer Clubhouse pela primeira vez, eu não queria ir. Minha tia obrigou minha irmã mais nova e eu a irmos ao local porque não gostava que ficássemos em casa sozinhas. Minha mãe estava sempre fora de casa: meus pais tinham acabado de se divorciar, e minha mãe trabalhava em tempo integral e também tinha voltado a estudar. Então, minha tia nos levou ao Clubhouse, que era ao lado da igreja que ela frequentava.

Eu comecei a tirar fotos e colocá-las em um programa chamado Goo, no qual eu conseguia distorcer o rosto das pessoas. Eu achava engraçado fazer aquelas caras engraçadas no Goo.

Eu: Como você passou a se envolver com outras atividades no Clubhouse?

Jaleesa: A Sra. Luversa, coordenadora do Clubhouse na época, realmente me incentivava, pois sabia que eu era capaz de fazer mais do que apenas carinhas engraçadas. Ela me incentivava de verdade e não me dava escolha. Ela indicava um projeto para trabalhar, e eu simplesmente respondia "tudo bem". Ninguém conseguia dizer "não" para a Sra. Luversa. Um dia, ela chegou com computadores e disse: "Quem quer me ajudar a desmontar os computadores?". Todos os meninos gritaram na hora: "Ah, eu, por favor, eu, eu!". Fiquei apenas observando. E ela disse: "Jaleesa, venha aqui". Logo respondi: "Mas nem levantei a mão". E ela disse: "Venha aqui".

Então eu fui e comecei a desmontar os computadores e aprender sobre as diferentes peças. Fizemos uma pausa e ela me disse: "Sabe, se você realmente não estiver interessada, pode voltar e trabalhar com o que quiser". Eu fiquei. Até terminarmos, eu não tinha percebido que era a única menina que tinha ficado e que continuou trabalhando. Depois disso, a Sra. Luversa continuou a me incentivar. "Jaleesa, por que você não trabalha com isso? Por que você não aprende aquilo? Veja esse *site* que pode ensinar a fazer isso. Vá ver aquilo. Se tiver alguma dúvida, pergunte para mim". Ela sabia que eu era capaz de ir além do Goo.

Eu: Você se lembra de projetos específicos dos quais tenha ficado realmente orgulhosa?

Jaleesa: Eu me envolvi intensamente na criação de CD-ROMs interativos. O primeiro que eu fiz foi sobre o Mês da História Negra. Baseei-me em uma peça chamada *What if there were no black people?* (E se os negros não existissem?) e destaquei as invenções criadas por negros nos Estados Unidos. Trabalhei com a ajuda de um colega, que me auxiliou a desenhar os personagens. Depois, os coloquei no palco e os programei. Estava muito empolgada porque poderia mostrar à minha mãe em que eu estava trabalhando. Esse foi um divisor de águas em minha vida. Fiquei fascinada ao perceber que poderia criar qualquer coisa com tecnologia.

Também comecei a usar o Clubhouse para trabalhar nas tarefas da escola. Nas aulas de inglês da 1ª série do ensino médio, por exemplo, estávamos estudando *Romeu e Julieta*. Para o projeto final, falei com o professor e perguntei se poderia fazer um CD-ROM interativo. Ele não sabia muito bem do que eu estava falando, mas respondeu "Claro, vá em frente", então fui ao centro todos os dias depois da escola para trabalhar nesse projeto. Dediquei

	mais tempo e esforços a ele do que qualquer outro aluno da sala dedicou aos seus trabalhos. Foi algo de que eu realmente me senti orgulhosa.
Eu:	De que maneira seu trabalho no Clubhouse lhe trouxe novas oportunidades fora dele?
Jaleesa:	Nosso Clubhouse participou do Dia do Estudante para Minorias da Microsoft. Houve um concurso de redação e eu ganhei um computador novinho. Foi ótimo porque o computador que tínhamos em casa era muito lento e eu não gostava de usá-lo. E a Microsoft também sugeriu que eu me candidatasse a um estágio de férias. Fui convidada para o cargo de redatora técnica da equipe de Assistência do Usuário para Dispositivos Móveis e Incorporados – eu tinha que fazer estudos sobre a usabilidade. Aquilo me deixou eufórica, e mudou a maneira como eu pensava sobre tudo. Eu acordava às 4h30 da manhã todos os dias para me arrumar e pegar o ônibus. Todos os dias, tinha que pegar três ônibus de Tacoma até Redmond para comparecer ao estágio, e, às 17h, saía e pegava três ônibus de volta, no horário de pico do trânsito, para ter tempo de chegar em casa e dormir cedo para recomeçar tudo outra vez. Isso aconteceu no verão, durante o ensino médio. Também fiz um segundo estágio com a empresa nas férias após a 3ª série do ensino médio.
Eu:	Então, você entrou na faculdade. Como suas experiências no Clubhouse influenciaram suas experiências universitárias?
Jaleesa:	Meu envolvimento no centro realmente influenciou o que eu queria estudar na faculdade. Antes de começar a frequentar a organização, eu queria ser cabeleireira. Sempre escrevia que iria ser cabeleireira, que teria meu próprio salão de beleza. Depois de frequentar o Clubhouse, comecei a pensar: "Sabe de uma coisa? Talvez eu queira estudar engenharia. Talvez eu queira ser uma cientista da computação".
	Escolhi estudar na University of Washington. Em princípio, queria estudar ciência da computação, mas fiz as primeiras disciplinas e odiei. As aulas eram sempre com o

professor diante de um projetor, escrevendo códigos enquanto os alunos faziam anotações. E, durante as provas, nós nem sequer tocávamos em um computador. Tínhamos uma folha de papel na qual escrevíamos tudo o que sabíamos. Não havia espaço para tentativa e erro, nem para a criatividade.

Devido à minha experiência com a equipe de assistência do usuário na Microsoft, pensei: "Talvez eu queira fazer algo mais sobre usabilidade. Descobrir outras coisas sobre como as pessoas interagem com a tecnologia". Após a experiência de criar projetos no Clubhouse, eu tinha visto diferentes maneiras como os jovens interagiam com a tecnologia, então estava muito interessada nisso. Assim, mudei meu curso para *design* e engenharia com foco no ser humano. E adorei. Era algo muito interativo. E me lembrava de como era trabalhar no centro comunitário em diferentes projetos e colaborar com os membros e mentores.

Eu: Como você decidiu o que fazer depois de concluir a faculdade?

Jaleesa: Enquanto eu estava na faculdade, recebíamos muitas visitas do Google, da Apple e da Microsoft, mas um dia conversei com um de meus antigos professores do ensino médio sobre fazer parte da AmeriCorps e soube que era isso que eu queria fazer. Queria voltar para Tacoma e ajudar outros alunos. Acabei trabalhando em um centro comunitário que eu frequentava durante meu último ano do ensino médio. Tudo ali fazia sentido para mim. Então, depois da AmeriCorps, eu voltei para o Computer Clubhouse como coordenadora.

Eu: Conte-me sobre suas experiências como coordenadora de um Clubhouse.

Jaleesa: Se as crianças me dizem que algo é difícil, eu logo respondo: "Desculpe, mas eu frequentei este mesmo local onde você está hoje. Eu me sentei a essa mesma mesa verde. Estudei na mesma escola que você. Eu sei como é. Eu cresci neste bairro. Eu sei como é".

Estou sempre tentando encontrar coisas que possam ser do interesse dos participantes, para ajudá-los a ter um ponto de partida. Havia um grupo de meninas que não queria saber nada sobre programação; queria apenas criar imagens. Mas um de seus maiores interesses era fazer coisas para a comunidade e encontrar maneiras para outras crianças como elas não se meterem em problemas. Muitos de seus amigos haviam sido assassinados devido à violência de gangues, e elas realmente queriam encontrar uma forma de melhorar essa situação. Isso era algo pelo qual elas se interessavam verdadeiramente. Então elas disseram: "Ah, e se criássemos um aplicativo? Hmm, acho que precisamos aprender a programar". E foi aí que decolaram com a ideia. Elas saíram e entrevistaram seus colegas, e publicaram uma entrevista no Facebook. Chamaram mesmo a responsabilidade para si. Foi até engraçado, porque eu pensei: "Viu, eu disse para aprenderem a programar". Mas, na verdade, não fiquei insistindo. Esperei até que elas estivessem prontas, até que enxergassem um motivo para isso. E as lembrei de que eram capazes de fazer aquilo.

Eu quero envolver os membros do Clubhouse em atividades de STEM (ciências, tecnologia, engenharia e matemática, na sigla em inglês), mas quero garantir que seja algo divertido e relevante, para ter certeza de que o foco esteja sempre neles. As escolas dizem a eles: "Isso é STEM, é isso que você deve fazer". Eu quero garantir que eles sejam envolvidos naquilo que já estiverem fazendo em seu dia a dia, naquilo que é relevante para eles em seu cotidiano.

Pares

MUITO ALÉM DE RODIN

O governo da Jordânia me convidou para visitar o país há alguns anos. Lá, havia sido criada uma rede nacional de centros comunitários chamados de Knowledge Stations (Estações do conhecimento), onde a população poderia acessar computadores e aprender novas habilidades profissionais. Mas a iniciativa não estava correspondendo às expectativas: poucos visitavam as Knowledge Stations com frequência.

Na mesma época, o Computer Clubhouse em Amã, capital da Jordânia, fazia grande sucesso, lotado todas as tardes por jovens que trabalhavam em uma grande variedade de projetos criativos. Os jovens sempre voltavam ao local: alguns vinham uma vez por semana, outros algumas vezes por semana e outros todos os dias.

Os funcionários do governo se perguntavam por que o Computer Clubhouse era muito mais popular do que as Knowledge Stations. Então, me pediram para fazer uma visita e dar alguns conselhos.

Viajei até a Jordânia e visitei várias Knowledge Stations. As diferenças entre elas e os Computer Clubhouses ficaram evidentes assim que entrei. Nas Knowledge Stations, os computadores estavam alinhados em mesas enfileiradas, voltados para a mesma direção, e as fileiras ficavam muito próximas umas das outras, tornando difícil andar entre elas. A intenção era claramente que as pessoas ouvissem as instruções de um professor na frente da sala para depois trabalharem individualmente em seus computadores. Não havia espaço para colaboração, nem mesmo para caminhar e ver em que os outros estavam trabalhando.

O Computer Clubhouse de Amã passava uma sensação totalmente diferente. As mesas de computadores estavam organizadas em pequenos grupos espalhados pela sala, facilitando a colaboração entre as pessoas e permitindo ver os projetos dos outros colegas. Todas as cadeiras tinham rodinhas para que os membros pudessem deslizar facilmente até outra mesa para uma conversa rápida ou uma colaboração mais longa. No meio do centro comunitário havia uma grande mesa verde, sem computadores. Essa mesa servia como um tipo de área comum, na qual as pessoas se reuniam para compartilhar ideias, fazer esboços, construir com blocos LEGO e materiais de artesanato, ou simplesmente fazer um lanche e colocar o papo em dia. As paredes e prateleiras da sala eram usadas para apresentar vários exemplos de projetos, oferecendo aos recém-chegados uma noção das possibilidades e ideias por onde começar.

Outros Clubhouses ao redor do mundo têm configurações semelhantes. Algumas das opções de *design* podem parecer sem importância (ou até mesmo extravagantes), mas descobrimos que a disposição do espaço influencia profundamente as atitudes e as atividades dos participantes. A disposição do espaço do Clubhouse, em particular, passa a ideia de um lugar de aprendizagem baseada em pares onde os jovens aprendem uns com os outros, facilita o trabalho em equipe e incentiva essa mentalidade.

Ao longo da história, o pensamento e a aprendizagem muitas vezes foram vistos como atividades realizadas individualmente. Quando as pessoas pensam sobre o pensar, costumam se lembrar da famosa escultura de Rodin, *O Pensador*, que mostra um indivíduo solitário, sentado sozinho, em profunda contemplação. É claro que alguns pensamentos ocorrem assim, mas são poucos. Muitas vezes, o pensamento é integrado ao fazer no contexto de interagir, brincar, criar coisas, e a maioria dos pensamentos é feita em conexão com outras pessoas, compartilhamos ideias, obtemos reações, complementamos as ideias delas.

Os Computer Clubhouses têm o intuito de ir muito além de Rodin, mudando o foco do "pensar por si mesmo" para o "fazer juntos". Essa abordagem está mais alinhada com as necessidades da sociedade atual, na qual quase todos os trabalhos exigem esforços colaborativos e as questões sociais mais importantes demandam ações coletivas.

Nos Computer Clubhouses, a colaboração ocorre de diversas formas. Em alguns casos, os membros se inspiram naquilo que outros estão fazendo e não trabalham diretamente juntos; em outros, integrantes com habilidades complementares se reúnem para trabalhar em um projeto. Por exemplo, uma pessoa que sabe trabalhar com vídeo e outra com habilidades musicais podem colaborar para fazer um videoclipe, ou alguém que sabe montar coisas e outra que sabe programar podem se unir para criar um robô.

O trabalho em equipe permite que os membros assumam projetos maiores, os quais não poderiam realizar sozinhos. Um grupo de nove meninas do 4º ano começou a participar de um Clubhouse perto de Boston depois da escola. Após várias sessões fazendo experiências com projetos pequenos, elas decidiram trabalhar juntas para criar uma "cidade do futuro" usando algumas das tecnologias de robótica do MIT. Construíram e programaram elevadores, ônibus e até um guia turístico para a cidade. Elas orgulhosamente chamaram sua invenção de *Nine Techno Girls City* (Cidade das nove meninas tecnológicas).

Reconhecendo a crescente importância das habilidades de colaboração no ambiente de trabalho, mais escolas estão começando a incluir atividades colaborativas nas salas de aula. Porém, em muitos casos, a decisão de com o quê e com quem trabalhar não é dos estudantes. Em contrapartida, os Clubhouses têm como prioridade unir os princípios de *paixão* e *pares*, de modo que os jovens não só trabalhem juntos, mas também trabalhem em projetos interessantes para eles. Os participantes não são obrigados a trabalhar em equipes. Em vez disso, os grupos se juntam informalmente, de acordo com interesses compartilhados e projetos em comum; são dinâmicos e flexíveis, evoluindo para atender às necessidades do projeto e aos interesses dos participantes.

Nos Clubhouses, tentamos estabelecer uma cultura na qual os membros, à medida que desenvolvem novas habilidades, incorporam a noção de responsabilidade para compartilhar suas habilidades com outros. No primeiro centro comunitário, tivemos a sorte de ter um integrante que ajudou a estabelecer essa cultura logo de início. Quando Mike Lee chegou à organização, amava desenhar, mas não tinha experiência com computadores. Rapidamente, aprendeu a usar o computador para criar novos tipos de ilustrações que refletiam seu estilo artístico único. Seus projetos atraíram a atenção de outros participantes, que começaram a pedir conselhos a Mike para aprender suas técnicas e estilo. Mike era generoso com seu tempo, e logo foi criada uma subcomunidade de membros do Clubhouse que criavam trabalhos artísticos no que eles chamavam de *Estilo Mike Lee*.

Quando começamos o primeiro Computer Clubhouse, em 1993, tínhamos uma visão muito localizada de colaboração e parceria.

Pensávamos principalmente em jovens trabalhando juntos, lado a lado, dentro da organização. Nos primeiros anos, o Clubhouse não tinha conexão com a internet, então colaborar a distância teria sido muito difícil. No entanto, novas oportunidades de colaboração começaram a surgir à medida que mais e mais locais foram inaugurados em todo o mundo e a conectividade tornou-se mais comum. Hoje, existem mais de 100 Clubhouses em 20 países, conectados por uma rede *on-line* chamada Clubhouse Village, assim, os membros podem compartilhar ideias e colaborar em projetos com pares em todo o mundo. De fato, quando visitei a sede de Amã, na Jordânia, conheci uma adolescente que estava remixando um *anime* criado por um membro de um Clubhouse de Chicago, nos Estados Unidos.

Nossas ideias atuais sobre pares, colaboração e comunidade são muito diferentes do que em 1993. Entre os quatro Ps da aprendizagem criativa, pares provavelmente foi o mais afetado pelas novas tecnologias, que transformaram radicalmente como, quando e onde as pessoas colaboram, bem como os papéis dos pares no processo de aprendizagem, como veremos na próxima seção.

COMUNIDADES DE APRENDIZAGEM

Em um dos capítulos finais de seu livro *Mindstorms*, Seymour Papert escreveu sobre a importância do aspecto social da aprendizagem, e destacou as escolas de samba brasileiras como um modelo de inspiração. As escolas de samba não são realmente escolas, são mais parecidas com clubes ou centros comunitários, onde os brasileiros se reúnem para criar apresentações para o carnaval. O que surpreendeu Seymour foi a forma como as escolas de samba juntam pessoas de todas as idades e níveis de experiência. Crianças e adultos, novatos e especialistas, todos trabalham juntos para criar músicas e coreografias com base nas tradições e na cultura da comunidade local. Quando as pessoas compõem, coreografam, praticam e se exercitam nas escolas de samba, elas estão constantemente aprendendo umas com as outras.

As histórias de Seymour sobre as escolas de samba brasileiras tiveram uma grande influência sobre os projetos em que trabalhei ao longo dos anos. Quando criamos os Computer Clubhouses ao redor do mundo, tentamos projetá-los seguindo o espírito das escolas de samba, criando espaços onde os jovens pudessem trabalhar e aprender juntos. No processo de desenvolvimento do Scratch, tínhamos outro desafio: como trazer as ideias e o espírito das escolas de samba para o mundo *on-line*? Ou, em outras palavras, como aproveitar as novas possibilidades do mundo *on-line* e continuar seguindo os valores fundamentais de ambientes de aprendizagem reais de sucesso, como as escolas de samba?

Muitas pessoas pensam que o Scratch é uma linguagem de programação, e é mesmo. Mas quem trabalha com o Scratch sabe que ele vai muito além disso. Desde o início, nosso objetivo era criar um tipo de comunidade de aprendizagem *on-line* em que jovens pudessem criar, compartilhar e aprender de forma colaborativa, no espírito de uma escola de samba. Nossa prioridade era fornecer experiências de aprendizagem criativas para jovens de todo o mundo e, ao mesmo tempo, ajudar professores, pais, *designers* e pesquisadores a perceberem como tecnologias e comunidades *on-line* podem auxiliar na aprendizagem criativa.

Criamos a linguagem de programação e a comunidade *on-line* Scratch como um pacote bem integrado, de apoio mútuo. Depois de usar a linguagem de programação para criar um jogo interativo ou uma animação, um *scratcher* pode simplesmente clicar no botão "compartilhar" e adicionar seu projeto à comunidade *on-line*. Quando o projeto é compartilhado, ele fica disponível para qualquer pessoa no mundo. Nos primeiros 10 anos do Scratch, mais de 20 milhões de projetos foram compartilhados *on-line*.

A comunidade *on-line* Scratch serve como fonte de inspiração e de *feedback*. Ao testar os projetos de outras pessoas, os *scratchers* aprendem novas técnicas de programação e têm novas ideias para seus próprios projetos. Uma *scratcher* de 10 anos queria fazer um jogo com uma bola saltitante, mas não conseguia descobrir como fazer a bola quicar. "Então, procurei no *site* e encontrei um projeto com uma bola que quicava", disse ela. "Com outro projeto, aprendi a adicionar atrito."

Quando os *scratchers* compartilham seus projetos no *site*, recebem sugestões e conselhos de outros membros da comunidade. "Com o Scratch, posso fazer projetos que acho legais e depois compartilhar com uma comunidade de pessoas que gostam das mesmas coisas que eu", explicou um *scratcher*. "Isso era um problema antes. Eu estava tentando programar algumas coisas, mas não saía do lugar. Agora, posso compartilhar meus projetos e receber comentários. Isso foi o que realmente me motivou a continuar."

Dentro da comunidade Scratch, os jovens estão constantemente inventando e explorando novas maneiras de colaborar. Em comparação com salas de aula de escolas tradicionais, as colaborações no Scratch tendem a ser mais fluidas e orgânicas, com as pessoas se reunindo em torno de interesses em comum ou conhecimentos complementares, como em uma escola de samba. Mas, ao contrário de uma escola de samba, o Scratch reúne pessoas de todo o mundo, possibilitando colaborações mais amplas e diversas.

A seguir, mostro alguns exemplos de como os jovens têm colaborado uns com os outros na comunidade Scratch.

PARES COMPLEMENTARES

Uma adolescente, cujo nome de usuário no Scratch era nikkiperson2, gostava de criar e compartilhar animações. Um dia, navegando no *site* do Scratch, nikkiperson2 ficou envolvida com uma série de projetos focados em uma personagem chamada *Heroine Lisa*, criada pela *scratcher* kris0707. A *scratcher* nikkiperson2 notou que os projetos da *Heroine Lisa* continham apenas imagens estáticas, nenhuma animação, então deixou um comentário em um dos projetos, oferecendo-se para colaborar: "Posso tentar criar atores com movimentos a partir de seus personagens? Podemos trabalhar juntas para fazer uma animação se você quiser. Mas só se você quiser. Obrigada. (Gosto dos seus desenhos)". kris0707 aceitou a sugestão e as duas trabalharam juntas por mais de um ano em uma série de 10 episódios de *Heroine Lisa*. Por meio dessa colaboração, kris0707 aprendeu mais sobre programação, e nikkiperson2 aprendeu mais sobre expressão estética.

EQUIPES ESTENDIDAS

Sarah, de 13 anos, e seu irmão Mark, de 10 anos, adoram o *Halloween*, então decidiram colaborar em um projeto Scratch sobre esse tema. Eles publicaram uma mensagem sobre seu projeto nos fóruns do Scratch, e outros usuários se ofereceram para ajudar, então decidiram criar um projeto interativo no qual os jogadores exploravam uma antiga mansão mal-assombrada. Alguns *scratchers* trabalharam no enredo, outros na programação, outros na música e outros na arte. No total, mais de 20 pessoas contribuíram. O produto final, chamado *Night at dreary castle* (Noite no castelo sombrio), incluía 59 personagens e 393 *scripts* de programação. "Uma coisa que aprendi é como ajudar a manter um grupo de pessoas motivadas e trabalhando juntas", disse Sarah. "Gosto mais do Scratch do que de *blogs* ou *sites* de redes sociais como o Facebook, porque criamos jogos e projetos interessantes legais de jogar, assistir e baixar. Não gosto de apenas falar com outras pessoas *on-line*, gosto de falar sobre algo criativo e novo."

SUBCOMUNIDADES

O *site* do Scratch inclui "estúdios" que contêm coleções de projetos. Nancy, aluna do ensino médio, decidiu criar um estúdio dedicado a *animes* e mangás, suas formas favoritas de arte e animação. Ela queria não só reunir exemplos inspiradores de projetos de *anime*, mas também criar um espaço onde os fãs de *anime* pudessem se conhecer, compartilhar ideias e aprender uns com os outros. Em pouco tempo, centenas de *scratchers* estavam enviando projetos de *anime* para o estúdio e publicando comentários no fórum. Muitos dos projetos eram tutoriais que mostravam como desenhar olhos, corpos e cabelos no estilo *anime* e como animar os personagens. Um colaborador escreveu: "Há várias pessoas no Scratch com potencial INCRÍVEL para *anime* e que só precisam de uma orientaçãozinha ou de algumas dicas!". Nancy mobilizou mais de 30 *scratchers* para ajudarem na curadoria do estúdio. Em poucos meses, o estúdio tinha mais de 250 projetos, 1.600 comentários e 1.500 seguidores.

ESTÚDIO DE *FEEDBACK*

Isabella, de 14 anos, adorava receber comentários e sugestões sobre seus projetos no Scratch. Ela notou que alguns projetos no *site* não estavam recebendo comentários e ficou com medo de que as pessoas ficassem frustradas e saíssem da comunidade. Então, decidiu começar um estúdio de *feedback*: a ideia era conectar os *scratchers* que queriam receber comentários sobre seus projetos com os que gostariam de dar *feedback*. "As pessoas podem comentar sobre projetos e compartilhar o que gostaram ou como melhorar", explicou Isabella. "Fico feliz em saber que as pessoas estão aproveitando uma comunidade *on-line* tão incrível." Em questão de dias, mais de 60 pessoas se inscreveram para fazer a curadoria do estúdio e dar *feedback* sobre os projetos.

SERVIÇOS DE CONSULTORIA

Um dos primeiros projetos feitos por MyRedNeptune foi um cartão de Natal interativo, com várias renas animadas tocando instrumentos musicais. MyRedNeptune descobriu que gostava especialmente de personagens animados (chamados de *atores* no Scratch), então criou um projeto feito somente com atores. Nas notas do projeto, ela incentivou outros *scratchers* a usarem atores em seus próprios projetos ou a enviarem solicitações de outros atores. Um *scratcher* solicitou a animação de um leopardo, então MyRedNeptune criou a animação com base em um vídeo da National Geographic que encontrou *on-line*. Para Carl, outro *scratcher*, MyRedNeptune criou uma animação de um pássaro batendo asas. Carl adorou o ator, mas perguntou a MyRedNeptune como havia feito essa animação, porque queria começar a fazer atores animados por conta própria. Como resposta, MyRedNeptune postou um projeto detalhando o processo de criação da animação do pássaro.

Nossa equipe do MIT desenvolveu o *site* do Scratch especificamente para incentivar colaborações, então esperávamos que os jovens interagissem e trabalhassem juntos no Scratch. Mesmo assim, ficamos sempre surpresos (e encantados) com o nível e a diversidade das colaborações no *site*, ou, pelo menos, eu fico pessoalmente surpreso. Como cresci antes do surgimento da internet, acho que não chego nem perto da criatividade que meus alunos do MIT (ou as crianças na comunidade Scratch) têm para desenvolver (ou prever) novas formas de colaboração. Espero que as futuras gerações de crianças possam se tornar ainda mais criativas quanto às formas de compartilhar e colaborar se fornecermos a elas ferramentas, suporte e oportunidades certos para isso.

ABERTURA

Uma das partes mais importantes de um *kit* de robótica é sua linguagem de programação, ou seja, o *software* que permite a você dizer ao robô o que fazer. Quando o grupo de pesquisa do MIT colaborou com o Grupo LEGO para os primeiros *kits* de robótica Mindstorms, dedicamos muito tempo e esforços para a criação de um *software* de programação que as crianças pudessem usar com facilidade. Em determinado momento, tivemos uma reunião com os principais executivos da LEGO para revisar os planos e estratégias do *software*. Na reunião, sugeri que o Grupo LEGO permitisse que outras pessoas e organizações desenvolvessem *softwares* de programação alternativos para o *kit* Mindstorms.

Os executivos pareceram chocados com minha sugestão. Um deles perguntou: "E se alguém desenvolver um *software* melhor que o nosso?". Rapidamente respondi: "Mas essa é a ideia!".

Minha expectativa era que a abertura levasse a uma criatividade maior e a experiências melhores para as crianças que fossem usar o Mindstorms. Essa abordagem é contrária à cultura de sigilo e controle da indústria de brinquedos, então, não havia surpresa alguma na resistência inicial dos executivos da LEGO. Mas, com o tempo, o Grupo LEGO se inclinou a uma abordagem mais aberta para o desenvolvimento de seu produto. Há alguns anos, quando a empresa começou a desenvolver a segunda geração de Mindstorms, ela pediu ativamente as sugestões da comunidade de usuários e publicou padrões abertos, permitindo que outras organizações produzissem o *software* e os sensores a serem usados com o produto Mindstorms.

O Grupo LEGO lançou, inclusive, um *site* chamado LEGO Ideas, que permitia que os fãs de LEGO propusessem novos *kits* LEGO, e a empresa prometeu criar produtos baseados nas propostas que tivessem maior repercussão. Refletindo a ideia do fundador da Sun Microsystems, Bill Joy, um dos executivos da LEGO deu a seguinte explicação: "Estamos orgulhosos de nossas equipes desenvolvedoras de produtos. Mas também sabemos que 99,99% das pessoas mais inteligentes do mundo não trabalham para a LEGO".

A abertura pode aumentar a criatividade de várias formas, não apenas para organizações como o Grupo LEGO, mas também para as pessoas. E os benefícios da abertura são maiores hoje do que nunca, graças às tecnologias digitais. Se você faz vídeos, *sites* ou outras criações digitais, pode obter ideias e sugestões de pessoas do mundo todo, além de usar códigos, arte e músicas criados por outras pessoas. Além disso, você pode disponibilizar suas criações digitais para que outras pessoas modifiquem, estendam e integrem a seus próprios projetos. Tudo isso é possível porque as mídias digitais, ao contrário dos produtos tradicionais, podem ser copiadas e enviadas para o mundo inteiro, praticamente sem custo.

Quando desenvolvemos o Scratch, vimos a comunidade como um ambiente de teste para demonstrar como a abertura e o compartilhamento podem contribuir para a criatividade das crianças. Na verdade, é por isso que escolhemos o nome *Scratch:* ele vem de "*scratching*" (arranhar), a técnica utilizada por DJs de *hip-hop* para remixar trechos de músicas de maneiras criativas. Com o Scratch, as crianças podem fazer algo parecido, combinando trechos de códigos e mídias (imagens, fotos, músicas, sons) de formas criativas.

Desenvolvemos o *site* do Scratch para as crianças remixarem os projetos de outras pessoas (isto é, se basearem neles) com mais facilidade. Cada projeto do *site* tem, em destaque, um grande botão "ver interior" – basta clicar nele para ter acesso a todos os *scripts* de programação e ativos de mídia contidos no projeto. É possível arrastar qualquer um dos *scripts* ou ativos para sua "mochila", assim você poderá usá-los depois em seus próprios projetos, ou, então, você pode clicar no botão "remixar" para obter sua própria cópia do projeto, a qual pode alterar e estender à vontade.

A opção de remixar foi amplamente popularizada na comunidade logo de início. Na primeira semana após o lançamento do *site*, alguém o utilizou para criar uma versão simples do clássico jogo eletrônico Tetris e a compartilhou com a comunidade. Outros membros gostaram do jogo, e muitos deles tiveram ideias sobre como aprimorá-lo. Em poucos dias, houve uma proliferação de remixagens (e criatividade), pois outros *scratchers* estenderam o jogo com recursos adicionais, como níveis, quadros de pontuação, atalhos de teclado e opções de antecipação. Se você acessar o *site* do Scratch, verá todas as remixagens, passando por múltiplas gerações, algo parecido com uma árvore genealógica. O projeto inicial do Tetris tinha 12 "filhos", ou seja, foi remixado 12 vezes. Um desses filhos, por sua vez, estava ligado a outros 560 filhos ("netos" do projeto original). Ao todo, a árvore genealógica inclui 792 descendentes do projeto original.

Remixar é uma das principais maneiras de espalhar ideias pela comunidade. Andres Monroy-Hernandez, que liderou o desenvolvimento do primeiro *site* do Scratch, estudou esse fenômeno em sua pesquisa de doutorado no MIT. Por exemplo, Andres acompanhou o que aconteceu quando um *scratcher* chamado Kaydoodle compartilhou um jogo chamado *Jumping monkey* (Macaco saltitante), no qual um macaco pulava de uma plataforma para outra. Outro *scratcher*, chamado Mayhem, criou um remix simples, apenas adicionando sapatos cor-de-rosa, para que fosse mais fácil detectar quando o macaco estivesse em pé em uma plataforma (baseado na cor dos sapatos). A árvore de remixagens continuou crescendo: o *scratcher* Whiz adaptou a técnica dos sapatos cor-de-rosa em seu próprio jogo, que foi remixado posteriormente pelo *scratcher* Deweybears. O remix de Deweybears foi um grande sucesso, atraindo 15 mil visualizações na comunidade, em comparação com apenas mil visualizações do jogo de Whiz, e a apenas 200 visualizações do projeto original *Jumping monkey*, de Kaydoodle.

A técnica dos sapatos cor-de-rosa continuou se espalhando pela comunidade, contribuindo para uma proliferação de jogos de plataforma. Os *scratchers* estão sempre observando o interior dos projetos de outras pessoas, procurando novas técnicas de programação que podem ser usadas em seus próprios projetos. Como disse um *scratcher* ao pesquisador Kyungwon Koh: "O bom é que, graças a todas essas remixagens, cada projeto disponível acaba sendo um verdadeiro tutorial".

Embora a remixagem tenha despertado a criatividade, também gerou controvérsias. Alguns *scratchers* não ficam muito felizes quando seus projetos são remixados: reclamam que seu trabalho foi "roubado" por outra pessoa. Uma aluna do 5º ano fez até uma palestra no TEDx sobre esse assunto. Ela começou sua apresentação assim: "Eu tinha acabado de concluir minha melhor animação até o momento, então eu vi isso", disse enquanto mostrava uma versão remixada de seu projeto. "Todo o meu trabalho duro, minha melhor animação, arruinados... Fiquei irada e, para ser sincera, ainda estou." Ela não é a única. Quando os *scratchers* nos escrevem com sugestões de como melhorar o Scratch, uma das mais comuns é a de que deveriam poder escolher se seus projetos podem ou não ser remixados.

Em geral, tentamos atender às sugestões da comunidade Scratch, mas não nesse caso. A capacidade de remixar está estreitamente alinhada aos valores básicos de abertura e de criatividade. Ao configurar o *site* do Scratch, decidimos que todos os projetos devem ser cobertos pela licença Creative Commons Attribution, o que significa que você pode alterar e remixar qualquer projeto do *site*, contanto que dê o devido crédito ao autor original.

Não é de surpreender que tantos *scratchers* não acreditem na remixagem. Na escola, os estudantes aprendem a fazer o próprio trabalho, e utilizar o trabalho dos outros costuma ser visto como uma trapaça, algo injusto. Com o Scratch, estamos tentando mudar a maneira como as crianças veem essas questões. Nossa meta é criar uma cultura na qual os *scratchers* se sintam orgulhosos, não chateados, quando seus projetos são adaptados e remixados por outros. Nos fóruns do *site*, falamos sobre o valor do compartilhamento e da abertura. Adicionamos continuamente novos recursos ao *site*, no intuito de mudar o modo como os *scratchers* pensam sobre remixar. Por exemplo, atualmente, a página inicial do Scratch destaca uma linha com os principais projetos remixados, para enfatizar a honra que é ter um projeto remixado por outros *scratchers*.

Em uma conferência recente, fui abordado por Krishna Rajagopal, um professor de física do MIT. Ele me disse que seus filhos tinham se tornado ativamente envolvidos com o Scratch e queria me agradecer por ter criado o *site*. É sempre bom ouvir algo assim. Esperava que ele começasse a contar sobre as habilidades de programação e noções computacionais que seus filhos estavam aprendendo, mas isso não era o que mais chamava a atenção de Krishna. Em vez disso, ele estava animado porque seus filhos participavam de uma comunidade aberta de desenvolvimento de conhecimentos. "É como a comunidade científica", ele explicou. "As crianças estão sempre compartilhando ideias e contribuindo para o trabalho umas das outras. Estão aprendendo como a comunidade científica funciona."

CULTURA DE RESPEITO

No capítulo de abertura do livro *A new culture of learning*, Douglas Thomas e John Seely Brown contam a história de um menino de 9 anos, chamado Sam, que gostava de usar o Scratch para criar animações e jogos. Em um de seus jogos, Sam usou uma foto do Grand Canyon como pano de fundo e programou uma folha de papel para deslizar pelo cenário, como se estivesse voando com o vento. Para marcar pontos, o jogador precisava fazer manobras pelo Grand Canyon para acompanhar o papel.

A parte preferida do Scratch para Sam era a comunidade *on-line*: passava horas analisando, remixando e fazendo comentários nos projetos de outras pessoas. Os autores perguntaram a Sam o que significava ser um bom membro da comunidade Scratch: "Ficamos surpresos com a resposta. Não tinha nada a ver com criar jogos ou publicar animações. Em vez disso, Sam nos disse que a coisa mais importante era 'não ser malvado' nos comentários e não se esquecer de mencionar algo que você também tenha achado bom. O Scratch não ensina apenas sobre programação, ele cultiva a cidadania".

Fiquei muito feliz ao ler esta descrição. Quando nossa equipe no MIT Media Lab desenvolveu a comunidade *on-line* Scratch, uma das prioridades era promover uma cultura de respeito, ou seja, um ambiente onde os membros da comunidade respeitassem, apoiassem e se importassem uns com os outros.

Não é esse o caso em várias comunidades *on-line*. É muito comum encontrar comentários grosseiros, rudes e desrespeitosos nos quadros de mensagens e nos fóruns de discussão. Normalmente, as pessoas interagem de maneira mais rude *on-line* do que se estivessem envolvidas em interações presenciais. Quando as organizações criam comunidades *on-line*, costumam tentar evitar esses problemas limitando intensamente as maneiras como as crianças podem interagir umas com as outras. Por exemplo, se quiserem adicionar imagens aos projetos, elas serão obrigadas a escolher a partir de uma coleção predeterminada de imagens, em vez de criar ou importar as próprias imagens. Se quiserem fazer comentários ou enviar mensagens, terão que escolher os comentários em uma lista predeterminada, e não escrever com as próprias palavras.

No desenvolvimento da comunidade *on-line* Scratch, não queríamos impor esses tipos de restrições. Queríamos permitir que os membros tivessem liberdade para se expressar de forma criativa e compartilhar suas ideias uns com os outros. Ao mesmo tempo, definitivamente não iríamos tolerar a grosseria e o desrespeito que são tão comuns nas interações abertas *on-line*. Na realidade, achávamos que o comportamento desrespeitoso e o espírito maldoso no *site* iriam sabotar exatamente os tipos de atividades e valores que queríamos promover.

Por isso, trabalhamos arduamente para criar uma cultura de respeito. Não se trata de apenas valorizar a gentileza e o comportamento respeitoso por si só (embora nós os valorizemos), mas também o que eles proporcionam. Quando as pessoas sentem que estão cercadas por parceiros gentis e respeitosos, têm maior probabilidade de tentar fazer coisas novas e assumir riscos, que são uma parte fundamental do processo criativo. Quando se preocupam com o fato de outras pessoas as ridicularizarem nos comentários ou projetos, tendem a compartilhar menos suas ideias e criações em desenvolvimento.

Para incentivar uma cultura de respeito na comunidade Scratch, estabelecemos um conjunto de Diretrizes da Comunidade, que podem ser lidas a partir de um *link* disponibilizado no final de todas as páginas do *site*. As diretrizes incluem:

- **Seja respeitoso.** Ao compartilhar projetos ou publicar comentários, lembre-se de que pessoas de várias idades e níveis de experiência verão o que você compartilhou.

- **Seja construtivo.** Ao fazer um comentário nos projetos de outras pessoas, mencione algo que você tenha gostado e ofereça sugestões.
- **Seja honesto.** Não tente se passar por outros *scratchers*, espalhar boatos ou enganar a comunidade de forma alguma.
- **Ajude a manter o clima amigável do *site*.** Se você acha que um projeto ou comentário foi maldoso, ofensivo, violento ou de qualquer outra maneira inapropriado, clique em "denunciar" para nos informar do ocorrido.

É claro que apenas criar e disponibilizar uma lista de diretrizes não é suficiente. Os integrantes da equipe Scratch do MIT estão sempre dando o exemplo de como seguir as diretrizes da comunidade por meio de nossos próprios comentários e comportamentos, e temos uma equipe de moderadores que monitora o *site* o tempo todo. Quando algum membro da comunidade viola as diretrizes, os moderadores dão *feedback*, avisos e conselhos, e aplicam punições caso alguém tenha várias violações. Durante as férias, organizamos acampamentos *on-line*, nos quais as crianças não só aprendem novas habilidades de programação, mas também a dar *feedback* construtivo umas às outras.

Para manter uma cultura de respeito, os próprios participantes devem assumir a liderança do apoio, incentivo e reforço dos valores da comunidade. Por exemplo, foram algumas crianças da comunidade Scratch (não nossa equipe do MIT) que organizaram um comitê de boas-vindas, mobilizando centenas de *scratchers* experientes para dar conselhos e motivar os novos membros da comunidade. Champika Fernando escreveu uma dissertação de mestrado completa sobre "*Scratchers* que ajudam *scratchers*", na qual registrou diversas formas com que os integrantes da comunidade Scratch apoiam uns aos outros e sugeriu novas estratégias e estruturas para incentivar esses tipos de interação na comunidade.

Os membros da comunidade Scratch não utilizam apenas comentários em texto, mas também projetos animados como meio de expressar empatia, motivação e solidariedade. Por exemplo, uma *scratcher* criou um projeto chamado *Cheer up sparkygirl* (Anime-se, sparkygirl) para expressar apoio a uma amiga que estava se sentindo triste e solitária.

Outro *scratcher* com o nome de usuário SmileyFace72 criou uma série de projetos com títulos como *Friends are friends* (Amigos são amigos), *Don't stress* (Sem estresse) e *You are never too old* (Você nunca será velho demais). Um dos projetos de SmileyFace72 recebeu mais de 15 mil visualizações, 2 mil "adorei" e 1.900 comentários. A reação de apoio aos projetos de SmileyFace72 destaca a natureza de reforço da empatia na comunidade Scratch: projetos empáticos tendem a produzir reações empáticas.

Essa cultura de respeito fez os membros da comunidade Scratch se sentirem confortáveis para explorar questões pessoais e sensíveis em seus projetos. Nos últimos anos, houve uma onda de projetos Scratch relacionados à orientação sexual e identidade de gênero, nos quais os *scratchers* compartilharam informações, crenças e histórias pessoais, além de celebrar a diversidade e a inclusão. Em geral, a resposta da comunidade a esses projetos tem sido respeitosa e solidária, o que, por sua vez, incentivou outros *scratchers* a compartilhar projetos semelhantes.

Mas também existiram desafios. Por exemplo, alguns *scratchers* com fortes crenças religiosas publicaram comentários e projetos que argumentavam que a homossexualidade era algo errado. Nossos moderadores da equipe Scratch removeram esses tipos de comentários e projetos, com a seguinte explicação: "É importante que o Scratch seja um lugar acolhedor para pessoas de todas as idades, raças, etnias, religiões, orientações sexuais e identidades de gênero. Os *scratchers* têm a liberdade de expressar suas crenças religiosas, opiniões e filosofias, contanto que isso não faça outros *scratchers* sentirem que não são bem-vindos". Esse ponto de vista foi reproduzido por muitos outros *scratchers*. Em um projeto chamado *Empathy* (Empatia), um *scratcher* escreveu: "Vivemos em um mundo onde as pessoas têm diversas opiniões e crenças diferentes. Todos nós queremos nos expressar, expressar nossas opiniões, nossas crenças e nossa personalidade. Mas quando fazemos isso, é importante entender como as outras pessoas vão se sentir com o que falamos. Existe uma diferença entre compartilhar suas crenças e ser respeitoso devido àquilo que você acredita".

Promover uma cultura de respeito é, evidentemente, tão importante nas comunidades reais quanto nas comunidades *on-line*. Quando começamos o primeiro centro extracurricular Computer Clubhouse, desenvolvemos um conjunto de princípios orientadores, entre eles: *Apoiar a aprendizagem por meio de experiências de design* e *Cultivar uma comunidade emergente de aprendizes*. No entanto, talvez nosso princípio orientador mais importante tenha sido: *Criar um ambiente de respeito e confiança*. Nós percebemos que nenhum dos outros princípios poderia ser colocado em prática sem este último. Apenas em um ambiente de respeito e confiança, em uma cultura de respeito, os jovens se sentiriam seguros e confortáveis o suficiente para experimentar novas ideias e colaborar com outras pessoas.

Quando a rede de Clubhouses aumentou para 100 locais espalhados pelo mundo todo (liderados pela diretora da rede, Gail Breslow), pudemos ver o valor desse princípio. Descobrimos que os Clubhouses que estabelecem um ambiente de respeito e confiança são mais capazes de desenvolver uma comunidade de pessoas que têm frequência regular, trabalham de forma colaborativa e se expressam de maneira criativa. Eu me lembro de visitar uma sede na Costa Rica que tinha acabado de completar um ano. Perguntei ao coordenador sobre as lições que ele havia aprendido durante o primeiro ano: "Quando comecei, estava focado em ajudar os participantes a aprenderem sobre tecnologia", ele disse. "Mas, ao final desse ano, percebi que o Clubhouse é como uma família. O mais importante é que todos se preocupam uns com os outros e se ajudam. Se isso acontece, todo o resto dá certo."

ENSINO

Em 1997, o Computer Clubhouse ganhou o prêmio *Peter F. Drucker Award for Nonprofit Innovation*. Como parte do prêmio, o Drucker Institute produziu um vídeo com entrevistas com membros da organização. Francisco, um dos primeiros participantes, falou sobre o quanto ele aprendeu com suas interações com a mentora Lorraine Magrath. "Trabalhar com mentores é fantástico. Eles são divertidos e engraçados", disse Francisco. "Não são como professores. Professores só dizem: 'faça isto, faça aquilo'. Com um mentor, você se sente mais à vontade, é mais tranquilo para conversar." Depois, Francisco descreveu como Lorraine o orientou e aconselhou na criação de projetos com *softwares* como Photoshop e Premiere.

Toda vez que assisto ao vídeo, sorrio quando Francisco descreve a importância do papel de Lorraine em suas experiências de aprendizagem no Computer Clubhouse. É exatamente o que esperávamos quando começamos o primeiro centro: desde o início, imaginávamos a mentoria como um componente central dessa abordagem. No entanto, sempre fico desconfortável quando ouço Francisco dizer que "professores só dizem: 'faça isto, faça aquilo'". Fico triste ao pensar como devem ter sido as interações de Francisco com os seus professores, para fazer com que ele passasse a pensar neles dessa maneira.

Infelizmente, as opiniões de Francisco sobre professores e ensino são compartilhadas por muitas pessoas. Quando alunos passam pela escola, geralmente veem o ensino como distribuição de instruções ("faça isto, faça aquilo") e de informações ("isto é o que você precisa saber"). Como ficou evidente pelas observações de Francisco, essa abordagem de ensino pode ser desmotivadora para muitos estudantes. Além disso, afasta os alunos da experimentação criativa que é tão importante no mundo de hoje, levando-os a imitar em vez de inovar. A psicóloga Alison Gopnik discutiu esse problema em um artigo publicado no jornal *The New York Times*, em 2016. "Quando as crianças acham que estão sendo ensinadas, são muito mais propensas a simplesmente reproduzir o que o adulto faz em vez de criar algo novo", escreveu Gopnik. "As crianças inferem, de forma bastante racional, que se um professor está mostrando uma forma específica de fazer algo, essa deve ser a técnica correta e não faz sentido tentar algo novo."

Obviamente, a estratégia tradicional de se ensinar por meio da distribuição de instruções e informações é bastante problemática. Mas, qual seria a alternativa? Algumas pessoas acreditam no extremo oposto e argumentam que as crianças são naturalmente curiosas e podem descobrir tudo por conta própria. Elas frequentemente citam a famosa frase de Jean Piaget: "Quando você ensina algo a uma criança, tira para sempre a chance de ela descobrir por si mesma". Algumas pessoas acham que isso significa que a melhor maneira de ajudar as crianças a aprender é simplesmente não atrapalhar.

Infelizmente, é comum que estratégias de ensino sejam vistas como uma dicotomia. *Opção 1:* distribuir instruções e informações. *Opção 2:* deixar as crianças por conta própria para que aprendam sozinhas. Quando novos mentores começam a trabalhar nos Computer Clubhouses, frequentemente vemos exemplos desses dois extremos. Alguns tentam agir como professores em salas de aula tradicionais dando instruções, enquanto outros ficam ao redor e se envolvem apenas se os membros pedirem ajuda.

Na verdade, um dos maiores desafios na criação de um novo Computer Clubhouse é ajudar os integrantes da equipe e os mentores a compreenderem outras nuances do processo de ensino, afastando-se desses dois extremos. Para mim, o bom ensino envolve vários papéis diferentes, sendo que todos eles ajudam na aprendizagem. Bons professores e mentores se adaptam facilmente aos papéis de catalisador, consultor, conector e colaborador:

- **Catalisador:** na química, catalisadores acendem a "faísca" que acelera uma reação química. Da mesma forma, professores e mentores podem acender a faísca que acelera o processo de aprendizagem. Quando os estudantes ficam presos nos estágios iniciais de um projeto, um professor pode mostrar exemplos de projetos para estimular sua imaginação e passar uma noção do que é possível. Muitas vezes, a melhor forma de um professor acender a faísca é fazendo perguntas. Nos Clubhouses, incentivamos os mentores a fazerem perguntas do tipo: "Como chegou a essa ideia?", "Por que acha que isso aconteceu?", "Se pudesse mudar uma parte do seu projeto, o que mudaria?" ou "O que achou mais surpreendente?". Fazendo as perguntas certas, um professor ou mentor pode catalisar a exploração e a reflexão, mas o estudante continuará sendo o agente ativo, responsável pela atividade.
- **Consultor:** há um velho ditado que diz que um professor deve ser um "guia ao lado", não um "sábio no palco". Os mentores do Clubhouse podem servir como guias ou consultores de

várias formas. Alguns podem ser vistos como consultores técnicos, oferecendo dicas e conselhos sobre o uso de novas tecnologias; outros atuam como consultores criativos, ajudando os participantes a desenvolver e a refinar repetidamente suas ideias em projetos. Às vezes, mentores dão apoio emocional, ajudando os membros a superarem suas dúvidas e lidarem com suas frustrações. Em qualquer um dos casos, o objetivo não é "dar instruções" ou "oferecer respostas", mas entender o que os jovens estão tentando fazer e descobrir a melhor maneira de apoiá-los.

- **Conector:** professores e mentores não têm simplesmente condições de dar aos estudantes todo o suporte necessário. Assim, uma parte importante do seu trabalho é conectá-los a outras pessoas com quem eles possam trabalhar e aprender. Como mentora e, posteriormente, coordenadora do emblemático Computer Clubhouse de Boston, Jackie Gonzalez estava constantemente buscando conectar os participantes. "Um bom dia para mim é quando consigo fazer jovens ajudarem outros jovens", disse ela. "Se vejo um adolescente que precisa de ajuda com Photoshop para um projeto, procuro um colega que possa ajudar. Meu objetivo é criar uma comunidade de aprendizagem compartilhada."

- **Colaborador:** os mentores do Clubhouse não apenas oferecem apoio e conselhos aos jovens: incentivamos os mentores a trabalharem em seus próprios projetos e convidarem os jovens para participar. Por exemplo, dois estudantes de pós-graduação de uma universidade de Boston decidiram iniciar um novo projeto de robótica em um Computer Clubhouse local. Trabalharam vários dias por conta própria, mas nenhum dos outros jovens parecia particularmente interessado. No entanto, quando o projeto começou a tomar forma, alguns jovens perceberam. Um deles decidiu construir uma nova estrutura para o topo do robô; outro viu o projeto como uma oportunidade para aprender programação. Um mês depois, uma pequena equipe estava trabalhando em vários robôs. Alguns participaram em período integral, trabalhando no projeto todos os dias, e outros participavam de vez em quando, entrando e saindo da equipe. O processo permitiu que diferentes jovens contribuíssem em diferentes níveis e em diferentes momentos.

Nos Computer Clubhouses, estamos sempre tentando apagar os limites entre ensino e aprendizagem. À medida que os adolescentes passam mais tempo em um centro e se envolvem mais com a cultura dele, nós os incentivamos a assumir responsabilidades de mentoria: compartilhar sua experiência e conhecimentos com outros membros e apresentar ideias, atividades e tecnologias aos recém-chegados. Esperamos que, com o tempo, os participantes aprendam a atuar como catalisadores, consultores, conectores e colaboradores dentro da comunidade, ajudando outras pessoas a aprenderem enquanto desenvolvem sua própria aprendizagem.

Ao mesmo tempo, incentivamos mentores adultos a serem aprendizes por toda a vida, não apenas para benefício próprio, mas como exemplo para os jovens. Uma de nossas prioridades no Clubhouse é ajudar jovens a se tornarem excelentes alunos. Ao observar mentores adultos no processo de aprendizagem, os jovens aprendem estratégias que podem ser aplicadas em sua própria aprendizagem. Adultos frequentemente tentam esconder o que não sabem. Nos centros comunitários, tentamos criar um ambiente onde os mentores se sintam confortáveis para reconhecer o que não sabem e falar abertamente sobre suas estratégias para aprender coisas novas. Assim como aprendizes de carpinteiro aprendem com mestres carpinteiros, queremos que os jovens dos Clubhouses tenham a oportunidade de observar e trabalhar com mestres aprendizes.

A estrutura de catalisadores, consultores, conectores e colaboradores claramente não é exclusividade dos Computer Clubhouses. As mesmas estratégias podem ser aplicadas em qualquer ambiente de aprendizagem, desde salas de aula até comunidades *on-line*. Alguns acreditam que novas tecnologias reduzirão a necessidade de professores, porque os alunos terão acesso a tutores computadorizados que poderão oferecer ajuda sempre que necessário. Eu acredito no contrário: acho que as novas tecnologias aumentarão consideravelmente o número de professores, se pensarmos no ensino da maneira correta. Em uma comunidade *on-line* como o Scratch, todos podem ser professores, atuando como catalisadores, consultores, conectores e colaboradores.

TENSÕES E COMPROMISSOS: CONHECIMENTO

Em 1998, o MIT Media Lab organizou um evento chamado *Junior Summit* (Encontro de jovens). Foi no mesmo ano em que o Google foi fundado, e bem antes do surgimento do Facebook ou do Twitter. A maior parte das pessoas estava apenas começando a conhecer a internet. O *Junior Summit* foi uma das primeiras experiências em grande escala realizada para explorar o que poderia acontecer quando um grande número de jovens do mundo todo se conectassem uns com os outros *on-line*. Na primeira fase do projeto, 3 mil jovens (entre 10 e 16 anos) de 130 países interagiram em fóruns *on-line*, discutindo sobre como poderiam usar novas tecnologias para lidar com alguns dos maiores desafios que o mundo enfrentava. Na segunda fase, os participantes *on-line* escolheram 100 jovens representantes para participar de uma colaboração presencial durante uma semana no MIT. Ao final do evento, os jovens haviam desenvolvido planos para diversas iniciativas: um jornal global *on-line* para crianças, um Kidz-Bank (Banco para crianças) *on-line* para apoiar o microfinanciamento de projetos sociais empreendedores desenvolvidos por crianças, e um novo "país cibernético" (chamado *Nation1*), que ofereceria cidadania a qualquer pessoa com menos de 19 anos.

Quando o *Junior Summit* ainda estava em fase de planejamento, nós falamos sobre ele em uma reunião de corpo docente do Media Lab. Justine Cassell, que na época era professora do Media Lab e principal organizadora do *Junior Summit*, explicou os planos para conectar jovens do mundo todo. Naquela época, a ideia era ousada e inovadora, e a maior parte dos professores do Media Lab estava empolgada com as possibilidades. Mas foi então que Marvin Minsky, um dos fundadores do campo de inteligência artificial, falou o seguinte: "Esta é a pior ideia que eu já ouvi. Crianças têm todos os tipos de ideias ruins e conceitos equivocados. Se juntar um monte de crianças, elas só vão reforçar as ideias ruins umas das outras".

Eu não concordei com o julgamento de Marvin, mas seus comentários me fizeram pensar. Com certeza já vimos como a internet pode servir como uma câmara de eco, na qual informações erradas repercutem em toda uma comunidade, sendo continuamente reforçadas por outras pessoas que têm conceitos ou entendimentos equivocados semelhantes. E é verdade que as crianças não podem aprender tudo sozinhas, mesmo quando estão trabalhando juntas, com o apoio de seus pares. Um grupo de crianças, mesmo das crianças mais brilhantes e curiosas, não vai reinventar o cálculo por conta própria, nem sequer reconhecer a necessidade do cálculo.

Trabalhar com pares nem sempre é suficiente. Às vezes é preciso ter "especialistas" no processo de aprendizagem. Mas em que situações a experiência externa se faz necessária? O que pode e o que não pode ser aprendido sem a experiência externa? E qual é a melhor maneira e o melhor momento para incluir a experiência externa no processo de aprendizagem?

Nós lutamos com esses questionamentos durante todo o *Junior Summit*, e as mesmas questões surgiram em outro projeto iniciado um ano após o encontro. Em 1999, um físico indiano chamado Sugata Mitra providenciou uma instalação com um computador conectado à internet em um bairro muito pobre de Déli, o Kalkaji. Ele não disponibilizou nenhuma instrução nem realizou *workshops* para os moradores do bairro; estava interessado no que chamou de *educação minimamente invasiva*. Ele queria saber o que aconteceria se simplesmente fornecesse um computador e uma conexão à internet, sem instrução ou supervisão alguma. O projeto ficou conhecido como a experiência "Buraco na Parede" (*Hole-in-the-Wall*), pois era por onde os moradores do bairro tinham acesso ao computador, um buraco em uma parede.

O computador do buraco na parede rapidamente ficou popular entre as crianças do bairro todo. Nenhuma delas havia usado um computador antes, mas descobriram rapidamente como navegar pelo sistema de arquivos e *sites* da internet. Passaram horas experimentando e explorando, encontrando jogos e outras atividades, e organizaram cronogramas para definir quem poderia usar o computador em determinado horário. Compartilharam seus conhecimentos umas com as outras, passando adiante dicas e truques para usar programas populares e encontrar informações úteis.

Essa experiência atraiu o interesse do mundo todo, tornando-se um ícone daquilo que as crianças de todos os níveis de conhecimento podiam fazer com novas tecnologias. O Banco Mundial ofereceu um financiamento para instalações semelhantes em 80 locais espalhados por toda a Índia, e outras organizações criaram as próprias variações do projeto em outras partes do mundo. O projeto Buraco na Parede serviu de inspiração para muitas pessoas de várias maneiras. O filme vencedor do Oscar, *Quem quer ser um milionário*, foi parcialmente inspirado nas histórias dos locais desse projeto.

Eu visitei o local do Buraco na Parede original em Déli, não muito tempo depois de sua inauguração. Era evidente que as crianças do bairro estavam ativamente envolvidas na aprendizagem e no compartilhamento de ideias. Fiquei impressionado com o projeto, mas não surpreso. Já vi muitas crianças de diversos locais ao redor do mundo descobrirem como navegar em aplicativos de computador por conta própria com seus amigos. Para mim, o surpreendente foi o modo como pessoas do mundo todo reagiram à essa experiência. A maioria das pessoas tende a subestimar as capacidades das crianças, sem reconhecer o quanto elas podem realizar e aprender por meio de sua inclinação natural a exploração, experimentação e colaboração. Fiquei feliz em ver que o projeto Buraco na Parede abriu os olhos do mundo para o extraordinário potencial de todas as crianças.

No entanto, fiquei preocupado com a forma exagerada com que algumas pessoas interpretaram os resultados dessa experiência. Algumas entenderam a experiência como uma prova de que as crianças poderiam aprender praticamente qualquer coisa por conta própria ou com seus pares, se tivessem apenas acesso a computadores e à internet. Por mais que eu tenha admirado o que as crianças do projeto Buraco na Parede tenham conseguido realizar, estava igualmente ciente daquilo que elas não conseguiram fazer. Embora tenham aprendido rapidamente a navegar em *sites* populares e a usar aplicativos básicos, poucas delas conseguiram usar o computador do Buraco na Parede para desenvolver, criar e se expressar. Elas aprenderam a encontrar e brincar com jogos no computador, mas não criaram os próprios jogos. Aprenderam a navegar na *web*, mas não criaram os próprios *sites*.

Sugata Mitra, o criador do projeto Buraco na Parede, reconheceu que o apoio, além do auxílio entre pares, é necessário para alguns tipos de experiências de aprendizagem. Em projetos mais recentes, ele continuou oferecendo às crianças novas maneiras de colaboração com pares, no que chama de *ambientes de aprendizagem auto-organizados*, mas hoje Sugata dá mais ênfase a adultos no papel de mentores e mediadores. Em uma iniciativa de aprendizagem *on-line*, organizou uma rede de professores aposentados que oferecem mentoria e motivação a um grupo de alunos que trabalhavam juntos em projetos *on-line*.

Os pares, o terceiro P da estrutura de aprendizagem criativa, claramente desempenham um importante papel no processo de aprendizagem. Mas e nas situações em que os pares não são suficientes? Quando educadores e pais devem incentivar as crianças a descobrir coisas por conta própria ou com a ajuda de pares? Quando os estudantes precisam de experiências e orientações externas? Vivemos em uma época em que todas as informações do mundo estão disponíveis na palma da mão das crianças, mas isso não significa que elas vão, necessariamente, saber quais informações buscar ou como dar sentido a elas. Precisamos oferecer às crianças mentoria e orientação adequadas, além de ajudá-las a aprender e, com o tempo, a encontrar pessoas e organizações que possam dar o apoio e a experiência de que precisam.

COM A PALAVRA, AS CRIANÇAS: NATALIE

Natalie, conhecida também como ipzy na comunidade *on-line* Scratch, é aluna do primeiro ano da faculdade na Califórnia, Estados Unidos.

Eu: Como você começou a usar a comunidade Scratch?

Natalie: Eu sempre me interessei por arte. Desenho basicamente desde que aprendi a segurar um lápis de cor na pré-escola. Quando tinha 11 anos, uma amiga me disse que eu poderia usar o Scratch para dar vida à minha arte. Aquilo foi empolgante.

Lembro que o primeiro projeto que fiz foi um jogo de um cachorrinho virtual. Desenhei um pequeno cãozinho — era um desenho muito simples — e o programei para fazer algumas ações ao pressionar certos botões. Ao pressionar E, o cachorro comeria, ao pressionar B, ele iria latir, e assim por diante. Muito, mas muito simples. Pouco a pouco, desenvolvi minhas habilidades explorando esse programa e também os de outras pessoas. Pude começar com algo com que tinha muita familiaridade, o desenho, e, gradativamente, acrescentar cada vez mais programação.

Sou uma artista, mas percebi que também me interesso por programação. Nunca achei que conseguiria programar. Achei que poderia me dedicar à arte, mas que teria que esperar até ficar adulta e contratar alguém que programasse para mim. Quando conheci o Scratch, foi como se uma luz se acendesse: percebi que eu mesma podia fazer isso.

Eu: Vi que um de seus primeiros projetos se baseava nos livros dos *Gatos guerreiros*.

Natalie: Eu era uma grande fã quando estava no ensino fundamental. Acho que são cerca de 30 livros, e eu tinha todos eles.

	Então, fiquei muito animada quando entrei no Scratch e vi um monte de crianças também interessadas em *Gatos guerreiros*. Nenhum dos meus amigos na época lia esses livros, então foi muito empolgante encontrar outras pessoas que adoravam os *Gatos guerreiros*.
Eu:	De que outra forma você interage com a comunidade Scratch?
Natalie:	Em vez de apenas me sentar sozinha e fazer um desenho, posso colaborar com outras pessoas e fazer algo interativo que elas possam usar. Elas podem brincar com o que criei e fazer as próprias criações, além de oferecer ajuda e conselhos.

Fiz um projeto chamado *Lemonade time* (Hora da limonada), no qual você pode sair andando para coletar alguns itens como limões e açúcar, os ingredientes de uma limonada. Esse projeto ficou em destaque no *site* do Scratch, o que realmente me motivou. Recebi muitos comentários que diziam: "Que jogo legal!", "Adorei sua arte!". As pessoas começaram a remixar meu projeto e a criar coisas novas a partir dele, o que me mostrou que outras pessoas estavam aprendendo com o que eu fiz. Achei essa a parte mais legal de todas, e queria continuar fazendo cada vez mais.

Recebia comentários o tempo todo de pessoas que queriam saber se podiam usar minha arte. É claro que elas podiam simplesmente entrar em meus projetos e usá-la, mas decidi facilitar as coisas. Fiz um projeto Scratch que colocava minha arte em um lugar só, dividida em categorias, por exemplo, aqui ficam os animais, aqui alguns cenários de fundo... fiz com que as pessoas pudessem encontrar meus trabalhos de arte mais facilmente.

Há alguns anos, eu ficava um pouco chateada quando as pessoas usavam minha arte do Scratch, porque pensava: "Puxa, trabalhei tanto nisso, e eles estão simplesmente usando o que fiz". Mas hoje eu realmente fico feliz quando as pessoas remixam meus projetos e mudam as coisas. Eu

	gosto, de verdade, de ver o que as pessoas fazem quando remixam meus projetos.
Eu:	Sei que você também criou tutoriais para a comunidade.
Natalie:	Muitas vezes, as pessoas comentavam em minha página dizendo: "Queria desenhar assim" ou "Nunca serei boa desse jeito". Eu queria mostrar a elas que fazer um trabalho artístico não é algo que acontece como em um passe de mágica. Existe um processo para isso, e é um processo realmente fácil depois que você aprende a fazê-lo. Queria mostrar que existem etapas para isso e que é possível melhorar. Não é como se eu tivesse nascido magicamente com talentos artísticos. É algo que você também pode fazer.
	Meu trabalho no Scratch fez eu me interessar por ensinar arte. Estou na faculdade agora, e gostaria de obter a licença para lecionar, porque adoraria ensinar arte para crianças e despertar o interesse delas por todos os aspectos da arte, seja para ensinar desenho ou programação, porque ambos são uma forma arte.
Eu:	Vi que você está colaborando com outros membros da comunidade em um projeto de vários animadores. Pode me contar mais sobre isso?
Natalie:	Me interessei muito por animação recentemente, e fiz um breve videoclipe animado, que levei semanas para terminar. Queria fazer outro desses, com o tema da Disney, mas não queria levar uma eternidade para isso. Então, pensei em fazer uma colaboração para fazer isso em equipe, assim terminaríamos muito mais rápido. Decidi organizar um projeto de vários animadores, com uma música e personagens animados da Disney. Nunca organizei um projeto como esse antes, então vi um tutorial do Scratch que me ajudou e foi muito útil, porque mostrava como dividir o áudio e tudo mais.
	Então, cada pessoa assumiu sua parte e agora estão todos fazendo as animações. Em duas semanas, devo unir todas essas partes e publicar o resultado. Neste exato momento,

são 16 pessoas, além de mim. Quando trabalhei sozinha, esse tipo de projeto levou algumas semanas de trabalho ininterrupto. Foi uma experiência intensa, e estava trabalhando sozinha, então não foi tão divertido assim. Com o projeto de vários animadores, é muito menos trabalhoso e muito mais divertido, porque posso ver o que todos estão fazendo e fico muito animada sempre que alguém publica sua parte concluída. Estou muito ansiosa para ver tudo pronto.

Eu: Seu trabalho na comunidade Scratch influenciou o modo como você pensa sobre as colaborações em outras áreas de sua vida?

Natalie: Todo o meu ensino médio foi baseado em projetos, o que deu muito certo para mim. Todas as matérias tinham cerca de 25 estudantes, e as mesmas pessoas ficavam na mesma turma o ano todo, então era como uma pequena família. Os professores eram muito próximos dos alunos porque ficavam juntos o dia todo, durante o ano inteiro, e eu achava isso muito legal. Além disso, estávamos sempre trabalhando em projetos em grupo. Em alguns projetos, podíamos escolher nossos parceiros, mas, na maioria das vezes, éramos escolhidos aleatoriamente para os grupos, então tínhamos que aprender a trabalhar com pessoas diferentes. Foi uma boa experiência para mim, que me ajudou a aprender a trabalhar como parte de uma equipe criativa, como no Scratch. Agora, na faculdade, tudo é diferente. Em cada aula há um grupo diferente de pessoas, então acabamos não nos conhecendo bem, e a grande maioria do trabalho é feita individualmente. Então, fico feliz em ter o Scratch para minhas colaborações.

5

Pensar brincando

LUDICIDADE

Nos anos 1990, uma conferência anual chamada *Doors of perception* (Portas da percepção) reunia pesquisadores, *designers* e tecnólogos do mundo todo para discutir as implicações da internet e de outras tecnologias emergentes. A conferência era realizada em Amsterdã e, a cada ano, apresentava um tema diferente. Em 1998, o tema do ano foi "Brincar", e eu fui convidado para fazer uma apresentação sobre meu trabalho.

A conferência mostrou os jogos de computador, os brinquedos virtuais e os sistemas de realidade virtual mais recentes na época. Os participantes se aglomeraram em torno de uma demonstração interativa com o famoso personagem de *videogame* Lara Croft. Em minha apresentação, falei sobre o trabalho do meu grupo no LEGO Mindstorms e em outros *kits* eletrônicos de construção e defendi que "brincar" com a tecnologia deveria envolver não só a interação com ela, mas desenvolvimento, criação, experimentação e exploração.

Depois da minha apresentação, decidi fazer uma pausa da conferência e fui até a Casa de Anne Frank, onde a jovem Anne Frank e sua família se esconderam em um anexo isolado da casa para escapar da perseguição nazista aos judeus durante a Segunda Guerra Mundial, e me senti desconfortável por perder parte da conferência. No dia seguinte, deveria participar de uma sessão de encerramento para refletir sobre o que tínhamos aprendido durante toda a conferência, então senti que estava me esquivando da minha responsabilidade ao perder parte dela. Mas eu não queria perder a chance de conhecer a Casa de Anne Frank. Durante minha infância, cresci em um lar judeu, onde ouvi muitas histórias sobre a perseguição nazista durante a Segunda Guerra Mundial, e queria saber mais sobre o assunto e sentir uma conexão mais direta.

Minha visita à Casa de Anne Frank foi cheia de surpresas. Acabei descobrindo que Anne Frank e eu nascemos no mesmo dia (12 de junho), e que ela nasceu no mesmo ano que minha mãe (1929). Mas a maior surpresa foi, de longe, o fato de que minha visita à Casa de Anne Frank foi totalmente relevante para o tema da conferência. No final das contas, eu não estava, de forma alguma, me esquivando de minha responsabilidade; na verdade, eu senti que aprendi mais sobre a verdadeira natureza do brincar na Casa de Anne Frank do que na conferência.

As pessoas não costumam associar Anne Frank a brincadeiras. Anne viveu escondida por dois anos, de meados de 1942 até meados de 1944, dos 13 aos 15 anos de idade, sem chance alguma de sair de casa para brincar. Em seu diário, Anne descreve a si mesma como "desesperada e infeliz" e escreve também "acho que nós até esquecemos como se ri". Ela sabia que muitos de seus amigos e familiares poderiam estar presos nos campos de concentração ou, inclusive, mortos. Anne tomava medicação contra "ansiedade e depressão, o que não impede que me sinta ainda mais infeliz no dia seguinte".

Apesar de tudo isso, o espírito lúdico de Anne chama atenção em todo o diário. Em determinado momento, Anne queria dançar balé, mas não tinha os sapatos apropriados para isso, então transformou um de seus pares de sapatos em sapatilhas de balé. No dia da Festa de São Nicolau, escreveu um poema cheio de trocadilhos e escondeu presentes para seus familiares nos sapatos deles. A mente de Anne era viva, cheia de imaginação. "Não acho que construir castelos de areia no ar seja algo tão terrível de se fazer", ela escreveu em seu diário.

Embora vivesse em um espaço limitado e sofresse com a tristeza e a escassez, Anne estava sempre experimentando, assumindo riscos, tentando fazer coisas novas, testando os limites. Em minha opinião, esses são os ingredientes essenciais das brincadeiras. Brincar não exige espaços abertos ou brinquedos caros, requer somente uma combinação de curiosidade, imaginação e experimentação.

Às vezes, Anne Frank perdia a capacidade de rir, mas jamais perdia seu espírito lúdico. Em todo o seu diário, Anne se compara à sua irmã mais velha, Margot: "Margot é muito comportada, um verdadeiro modelo, mas parece que eu tenho defeitos suficientes para ambas. Sempre fui a tola, a criadora de confusões da família".

Costumo dizer que *pensar brincando* é o mais incompreendido dos quatro Ps da aprendizagem criativa. As pessoas costumam associar o brincar com risadas, diversão e bons momentos, e é fácil entender o porquê: brincar geralmente envolve todas essas coisas. Entretanto, essa descrição não menciona o fator mais importante do brincar, nem explica por que brincar é tão importante para a criatividade. A criatividade não vem das risadas e da diversão, e sim da experimentação, de se assumir riscos e de testar os limites. Ou, ainda, nas palavras de Anne Frank, ser uma criadora de confusões.

Ao longo de toda a história, filósofos e psicólogos reconhecem o valor e a importância do brincar.

> Você pode descobrir mais sobre uma pessoa em uma hora de brincadeira do que em um ano de conversa.
> *Platão*

> Nós não deixamos de brincar porque envelhecemos, envelhecemos porque deixamos de brincar.
> *George Bernard Shaw*

> Ao brincar, a criança assume papéis e aceita as regras próprias da brincadeira, executando, imaginariamente, tarefas para as quais ainda não está apta ou não sente como agradáveis na realidade.
> *Lev Vygotsky*

> Brincar é o trabalho da infância.
> *Jean Piaget*

> Por meio da brincadeira, mais do que qualquer outra atividade, as crianças atingem o domínio do mundo externo.
> *Bruno Bettelheim*

> Brinquedos e jogos são o prelúdio das ideias sérias.
> *Charles Eames*

Fui particularmente inspirado por John Dewey, que mudou o foco da brincadeira (a atividade) para a ludicidade (a atitude). Ele explica: "A ludicidade é uma consideração mais importante do que a brincadeira. A primeira é uma atitude da mente, enquanto a última é uma manifestação externa momentânea dessa atitude". Em minha visita à Casa de Anne Frank, foi a ludicidade de Anne (não as atividades de brincadeiras em particular) que me causou o maior impacto. Quando penso sobre ela, certamente não penso em diversão e jogos, mas penso sobre sua maneira lúdica de se envolver com o mundo.

Continuei pensando sobre a ludicidade de Anne Frank depois de voltar para a conferência *Doors of perception*. Durante o restante do evento, mergulhei em um mundo de *videogames* e brinquedos eletrônicos novos, mas, quando chegou a hora da última apresentação da conferência, não falei sobre essas tecnologias inovadoras. Em vez disso, expliquei como tinha compreendido melhor a essência da brincadeira e da ludicidade com Anne Frank do que com qualquer nova tecnologia exibida no evento.

CERCADINHOS E PARQUINHOS

A palavra brincar é usada em vários contextos. Pode estar relacionada a jogos ou esportes, mas também pode estar relacionada a tocar instrumentos e músicas. Você pode brincar com a sorte, ou brincar com o mercado de ações. Brincar com brinquedos e até com ideias.

E o que as pessoas aprendem quando brincam nessas diferentes áreas? Alguns pais e educadores não acreditam na relação entre brincar e aprender, argumentando que atividades lúdicas são *apenas brincar*. Pesquisadores, às vezes, vão ao extremo oposto. Uma vez fui a uma conferência chamada *Play = Learning* (Brincar = Aprendizagem), nome que implicava que qualquer tipo de brincadeira resultava em valiosas experiências de aprendizagem.

Para mim, nem todos os tipos de brincadeira são iguais. Alguns resultam em experiências criativas de aprendizagem, outros não. Precisamos questionar: quais tipos de brincadeiras têm mais chance de ajudar jovens a se tornarem pensadores criativos? E como podemos incentivar e apoiar esses tipos de brincadeiras?

Gosto da metáfora sugerida por Marina Bers, professora de Desenvolvimento Infantil da Tufts University. Marina defende que há uma grande diferença entre cercadinhos infantis e parquinhos:* ambos são projetados para brincar, mas apoiam tipos diferentes de brincadeiras — e também de aprendizagem.

---

*N. de T. Do inglês *playpen* (cercadinho infantil) e *playground* (parquinho).

Um *cercadinho* é um ambiente mais restrito, onde as crianças têm espaço limitado para se movimentarem e oportunidades reduzidas de exploração. Elas brincam nos cercadinhos com brinquedos, mas as possibilidades são limitadas. Em seu livro *Designing digital experiences for positive youth development*, Marina explica que usa o cercadinho "como uma metáfora para representar a falta de liberdade para experimentar, a falta de autonomia para explorar, a falta de oportunidades criativas e a falta de riscos".

Por sua vez, um *parquinho* oferece às crianças mais espaço para se mover, explorar, experimentar e colaborar. Se você observá-las em um parquinho, inevitavelmente verá que elas criam suas próprias atividades e jogos, e, nesse processo, tornam-se pensadoras criativas. Como Marina descreve: "O parquinho promove uma sensação de comando, criatividade, autoconfiança e exploração aberta, enquanto o cercadinho restringe". Isso é especialmente verdadeiro para "parquinhos de aventura" modernos, que são explicitamente projetados para engajar crianças em processos de construção, criação e experimentação.

Uma das razões pelas quais sempre me senti atraído por blocos LEGO é que eles são adequados para o estilo de brincadeira do parquinho. Dê a uma criança um balde de peças LEGO e ela poderá construir praticamente qualquer coisa que conseguir imaginar, de casas a castelos, de cães a dragões, de carros a naves espaciais. Depois, pode desmontar suas criações e fazer algo novo em um fluxo infinito de atividades criativas, como crianças que criam jogos e atividades em um parquinho.

Mas não é só assim que as crianças brincam com peças LEGO. Algumas seguem passo a passo as instruções para montar o modelo em destaque na caixa LEGO: constroem o castelo de Hogwarts de *Harry Potter* ou a Millennium Falcon de *Star wars*. Depois, colocam o modelo em uma prateleira no quarto. Essas crianças estão brincando em um cercadinho de LEGO, não em um parquinho de LEGO. Estão aprendendo a seguir instruções, mas não a desenvolver ao máximo o seu potencial como pensadoras criativas.

É claro que não há nada errado em oferecer às crianças um pouco de estrutura para suas atividades. Imagens de exemplos de projetos nas caixas de LEGO oferecem um tipo de estrutura, dando inspiração e ideias às crianças que estão começando. Seguindo passo a passo as instruções, elas ganham experiência com os materiais e aprendem novas técnicas para construir estruturas e mecanismos. Completar um modelo complexo pode ser uma experiência agradável e satisfatória para todas as idades, mas se o objetivo for o pensamento criativo, as instruções passo a passo devem ser a primeira etapa, não a meta final. Para brincadeiras no estilo parquinho, é importante que as crianças tomem as decisões sobre o que e como fazer.

Quando organizamos *workshops* para crianças, sempre buscamos apoiar o estilo parquinho de brincar. Oferecemos várias estruturas para ajudar as crianças a começarem. Para um *workshop* de robótica com LEGO, por exemplo, normalmente sugerimos um tema, como "Aventura submarina" ou "Jardim interativo", a fim de despertar ideias e motivar a colaboração entre os participantes, e mostramos exemplos de mecanismos que demonstram diferentes tipos de movimento e dão noção do que é possível fazer. Mas sentimos que é importante que as crianças do *workshop* tenham suas próprias ideias e planos. No "Jardim interativo", por exemplo, a criança pode imaginar e criar uma flor robotizada que fecha suas pétalas quando algo se aproxima. Queremos que as crianças sintam os desafios e as alegrias de transformar as próprias ideias em projetos. Essa é a essência do estilo parquinho de brincar.

Nos últimos anos, as crianças começaram a passar uma parte maior de seu tempo livre em frente a telas de computador. Isso abre novas oportunidades de brincadeiras e aprendizagem criativas, mas várias das novas atividades virtuais se parecem mais com cercadinhos do que com parquinhos. Até mesmo o Grupo LEGO, com seu longo histórico de brincadeiras no estilo parquinho no mundo físico, tem focado principalmente em atividades do estilo cercadinho no mundo virtual. A empresa produziu uma extensa coleção de *videogames*, vários deles centrados em personagens de filmes e quadrinhos. Os jogos têm um visual LEGO evidente: objetos e cenários são feitos de peças LEGO virtuais, e os personagens são minifiguras LEGO. Mas o estilo de jogo é muito diferente de brincadeiras com um balde de peças (físicas) LEGO. Nos *videogames*, as crianças aprendem a navegar por mundos virtuais para marcar pontos e passar de fase; os jogos oferecem às crianças poucas oportunidades de imaginar novas possibilidades, de definir as próprias metas ou de inventar as próprias atividades. Em resumo, os jogos são mais como cercadinhos do que parquinhos.

Não precisa ser assim. Podemos ter parquinhos virtuais, assim como no mundo físico. A grande popularidade e sucesso do jogo Minecraft se devem, em grande parte, à sua abordagem de parquinho. Com o Minecraft, as crianças podem construir as próprias estruturas e ferramentas (virtuais) e inventar os próprios jogos. Há uma enorme variedade de maneiras de jogar Minecraft. Embora os blocos (virtuais) de Minecraft não se pareçam com as peças (físicas) LEGO, os padrões de brincadeiras são muito parecidos.

Nosso *software* Scratch é outro tipo de parquinho virtual. Originalmente, o *slogan* para o Scratch era "imagine, programe, compartilhe". Normalmente, o Scratch é associado à programação, mas imaginação e compartilhamento também são importantes para a experiência Scratch. Assim como crianças em um parquinho estão constantemente criando jogos para brincarem umas com as outras, as crianças do *site* do Scratch estão constantemente imaginando novos tipos de projetos e compartilhando suas criações. Outros *sites* de programação são projetados como cercadinhos, oferecendo um conjunto restrito de atividades para ajudar as crianças a aprenderem conceitos específicos de programação; para nós, a abordagem no estilo parquinho do Scratch é tão importante quanto as ideias de computação que fazem parte dos blocos de programação.

Com tantos tipos diferentes de brincar (jogos, brinquedos, cercadinhos, parquinhos) é surpreendente que no inglês haja uma única palavra para designar tudo isso: *play*. Mas essa é uma limitação apenas da língua inglesa. Meu colega Amos Blanton, que trabalhou na equipe Scratch no MIT antes de se juntar à LEGO Foundation na Dinamarca, ficou surpreso quando descobriu que os dinamarqueses têm duas palavras diferentes para brincar. A palavra *spille* denomina os tipos de brincadeiras com estrutura definida e conjuntos de regras, como esportes ou *videogames*, enquanto *lege* é usada para descrever uma brincadeira imaginativa e aberta, sem uma meta específica.* Dessa forma, parece adequado que a empresa dinamarquesa de brinquedos se chame LEGO (uma contração de *lege* e *godt*, que significa brincar bem) e não SPILGO, já que as peças LEGO são projetadas especificamente para apoiar brincadeiras imaginativas e abertas.

Pensar brincando é um dos quatro Ps da aprendizagem criativa. Mas, para ajudar as crianças a se tornarem pensadoras criativas, precisamos diferenciar os diversos tipos de brincadeiras, dando mais ênfase ao *lege* do que ao *spille* e aos parquinhos do que aos cercadinhos.

EXPLORAÇÕES LÚDICAS

Quando estávamos desenvolvendo o LEGO/Logo, o primeiro *kit* de robótica da LEGO, testamos nossos protótipos iniciais em uma turma de 4º ano de uma escola do ensino fundamental de Boston. Um dos estudantes, Nicky, começou construindo um carro com peças LEGO. Depois de fazê-lo descer uma rampa algumas vezes, Nicky adicionou um motor e conectou o carro ao computador. Quando ele programou o motor para ligar, o carro foi um pouco para frente, mas o motor caiu e começou a vibrar sozinho na mesa.

Em vez de tentar consertar o carro, Nicky ficou intrigado com a vibração do motor. Ele experimentou e brincou com o motor que vibrava e começou a imaginar se conseguiria usar as vibrações para mover o veículo. Nicky colocou o motor em uma plataforma em cima de quatro "pernas" (eixos de LEGO). Depois de algumas tentativas, percebeu que precisava ampliar as vibrações do motor e, para isso, baseou-se em algumas experiências pessoais. Ele gostava de andar de *skate* e lembrou que balançar os braços dava um impulso extra. Achou que um braço balançando também acentuaria as vibrações do motor, então, conectou dois eixos de LEGO a uma junta articulada para criar um braço e o acoplou ao motor. Conforme o motor funcionava, os braços balançavam e ampliavam as vibrações do motor, como Nicky queria.

---

* N. de T. O significado da palavra dinamarquesa *spille* é similar ao do termo "jogar" em português, enquanto o da palavra *lege* se assemelha a "brincar".

Na verdade, o sistema vibrava tanto que tombava frequentemente. Um colega sugeriu que Nicky criasse uma base mais estável, colocando um pneu de LEGO na posição horizontal no pé de cada perna. Nicky fez essa adaptação e seu "andador vibrante" funcionou perfeitamente, e ele conseguiu até direcioná-lo. Quando programava o motor para virar em uma direção, o andador vibrava para frente e para a direita. Quando programava o motor para virar para outra direção, o andador vibrava para frente e para a esquerda.

Fiquei impressionado com o andador vibrante de Nicky, mas ainda mais impressionado com as estratégias que ele usou para criá-lo. Enquanto Nicky trabalhava no projeto, estava constantemente *explorando novas possibilidades e ajustando o seu projeto*. Durante o processo, ele brincava e experimentava, testava novas ideias, reavaliava metas, fazia modificações e imaginava novas possibilidades. Como qualquer bom explorador, Nicky estava:

- **Aproveitando o lado bom do inesperado.** Quando o motor caiu do carro, Nicky não viu isso como um sinal de fracasso, mas como uma oportunidade de novas explorações.
- **Usando experiências pessoais.** Quando precisou amplificar as vibrações do motor, ele usou sua experiência com o *skate* e o conhecimento sobre seu próprio corpo.
- **Usando materiais familiares de formas não familiares.** A maioria das pessoas não imagina eixos de LEGO como braços ou pernas, nem imaginam pneus de LEGO como pés, mas Nicky conseguiu olhar os objetos no mundo ao redor dele e enxergá-los de novas formas.

Esse tipo de exploração livre ou lúdica, conhecido em inglês como *tinkering*,* não é algo novo. Desde que os humanos mais antigos co-

---

* N. de T. A palavra *tinkering* não tem uma tradução direta em português. Em geral, costuma ser entendida como "explorar livremente ideias e materiais", adaptar, improvisar, ou mesmo "pensar com as mãos". Seymour Papert costumava usar os termos *bricolage* e *bricoleur* para se referir ao processo de *tinkering* e à pessoa que o pratica, respectivamente. No caso deste livro, optou-se por uma combinação de termos, focando principalmente na "exploração lúdica" tão comum no *tinkering*.

meçaram a criar e usar ferramentas, tem sido uma estratégia valiosa para fazer coisas, mas, no mundo de hoje, em constante mudança, esse processo se tornou ainda mais importante. Os *tinkerers*, ou "exploradores", sabem como improvisar, adaptar e tentar novamente, para que nunca dependam de planos antigos quando surgirem situações novas. "Explorar", nesse sentido, incentiva a criatividade.

A exploração lúdica está no ponto de encontro entre o brincar e o fazer. Da mesma forma que muitas pessoas não veem o valor das brincadeiras (*é só uma brincadeira*), várias não veem o valor das explorações (*é só uma exploração sem metas definidas*). As escolas tendem a focar no valor do planejamento em detrimento das explorações livres pois parece mais organizado, direto, eficiente. Os planejadores têm uma abordagem de *cima para baixo*: analisam uma situação, identificam necessidades, desenvolvem um plano claro e o executam. Fazem só uma vez e fazem certo. O que poderia ser melhor que isso?

O processo de exploração lúdica é mais bagunçado. Os exploradores têm uma abordagem de *baixo para cima*: começam com algo pequeno, testam ideias simples, reagem ao que acontece, fazem ajustes e revisam os planos, normalmente seguindo um caminho sinuoso e indireto até a solução. Mas o que perdem em eficiência ganham em criatividade e agilidade. Quando coisas inesperadas acontecem e novas oportunidades surgem, os exploradores estão mais bem preparados e conseguem se beneficiar disso. Como o diretor do Media Lab, Joi Ito, gosta de dizer: "Você não será agraciado pela sorte se planejar tudo".

Exploradores estão sempre reavaliando suas metas (aonde estão indo) e seus planos (como chegar lá). Às vezes, começam sem meta alguma. Passam um tempo brincando com os materiais e explorando, de forma lúdica, o que é possível fazer, até que a meta surja com base nessas explorações. Outras vezes, começam com uma meta geral (Nicky queria fazer um carro), que logo é ajustada conforme novas coisas acontecem (o motor caiu e vibrou na mesa).

"Quando você explora algo ludicamente, não segue instruções passo a passo para chegar a um resultado definido", escreveram Karen Wilkinson e Mike Petrich em seu maravilhoso livro *The art of tinkering*. "Em vez disso, você questiona suas pressuposições sobre como algo funciona e investiga seguindo seus próprios parâmetros.

Você dá a si mesmo a permissão de mexer nisso ou naquilo. E provavelmente também está maravilhado."

Exploradores acreditam em prototipação e iterações rápidas. Em projetos de *design*, constroem algo rapidamente, testam, obtêm reações de outras pessoas e depois fazem uma nova versão, repetindo o processo. Preferem usar parafusos em vez de pregos. Realizam mudanças e revisões constantemente. Para solucionar problemas, chegam a uma solução rápida, algo que funciona até certo ponto, para depois investigar formas de aprimorar.

Quando trabalhamos com novos projetos no meu grupo de pesquisa, estamos constantemente explorando: fazendo novos protótipos, testando e revisando, repetidamente. Desenvolvemos dezenas de protótipos de bloquinhos programáveis antes de o Grupo LEGO decidir lançar o LEGO Mindstorms como um produto. Alguns se revelam verdadeiras ruas sem saída; voltamos e testamos outras opções. Da mesma forma, conforme trabalhávamos com o Scratch, estávamos constantemente testando novos *designs*: como os bloquinhos de programação deveriam se encaixar uns nos outros? Como cada objeto deve se comunicar com o outro? Trabalhamos em um protótipo atrás do outro, e até hoje vamos explorando e adaptando o *design* do Scratch.

Grandes cientistas e engenheiros da história — de Leonardo da Vinci até Alexander Graham Bell, de Barbara McClintock a Richard Feynman — viam a si mesmos como exploradores. É normal pressupor que todos os cientistas sejam planejadores, porque artigos científicos dão a impressão de que cada passo foi cuidadosamente planejado com antecedência, mas estudos de cientistas trabalhando em seus laboratórios mostram que o processo de exploração lúdica é muito mais comum do que o descrito nos artigos.

Mesmo assim, vários educadores continuam céticos em relação ao processo de exploração lúdica. Há várias críticas comuns. Alguns acreditam que exploradores possam ter sucesso na criação de algo sem entender completamente o que estão fazendo. Isso pode ser verdade em alguns casos, mas, mesmo assim, esse tipo de exploração oferece aos estudantes a oportunidade de desenvolver fragmentos de conhecimento que podem integrar posteriormente uma compreensão mais completa.

Educadores também se preocupam com a ausência de estrutura, ou seja, acreditam que a exploração lúdica não oferece a sistematicidade ou o rigor necessários para o sucesso. Essa crítica não compreende a verdadeira natureza da exploração. O processo *de baixo para cima* da exploração lúdica começa com investigações que podem parecer aleatórias, mas não é só isso. Os verdadeiros exploradores sabem como transformar suas investigações iniciais (*de baixo*) em uma atividade focada (*para cima*). Nicky passou muito tempo brincando e experimentando com um motor vibrante (*de baixo*) e depois usou suas novas ideias para criar uma máquina ambulante movida a vibrações (*para cima*). Seria um problema se os estudantes ficassem presos na fase *de baixo*; é a combinação do *de baixo* com *para cima* que torna o processo de exploração lúdica valioso.

É comum associar explorações lúdicas com construções físicas: construir um castelo com blocos LEGO ou uma casa na árvore usando madeira, ou criar um circuito com componentes eletrônicos. O movimento *maker* reforçou essa imagem, porque seu enfoque está em fazer coisas no mundo físico. Mas eu vejo o processo de exploração lúdica como uma abordagem para fazer coisas, independentemente de serem físicas ou virtuais. Você pode fazer explorações quando estiver escrevendo uma história ou programando uma animação; a questão principal é o seu estilo de interação, não a mídia ou os materiais utilizados.

Projetamos nossa linguagem de programação Scratch explicitamente para incentivar explorações. É fácil montar e desmontar blocos de programação gráfica no Scratch, assim como as peças LEGO. Para testar uma pilha de blocos no Scratch, basta você clicar e ela é executada imediatamente — não é necessário esperar a compilação do código. Você pode até mesmo fazer mudanças no código enquanto o programa está funcionando. É fácil montar rapidamente um pequeno projeto, brincar com ele, modificá-lo, estendê-lo — e você pode melhorar seu projeto juntando imagens, fotos e sons da internet, assim como exploradores do mundo físico combinam materiais do mundo ao redor deles.

Precisamos oferecer às crianças mais oportunidades de realizar explorações lúdicas, tanto com materiais físicos quanto com digitais.

O processo de explorações pode ser confuso e tortuoso, mas qualquer processo criativo é assim. Um plano cuidadoso pode ter resultados eficazes, mas não podemos planejar a criatividade. O pensamento criativo é resultado de explorações criativas.

VÁRIOS CAMINHOS, VÁRIOS ESTILOS

No capítulo sobre paixão (o segundo dos quatro Ps), enfatizei a importância de paredes amplas. Além de oferecer às crianças maneiras fáceis de começar projetos (pisos baixos) e formas de trabalhar em projetos cada vez mais sofisticados com o passar do tempo (tetos altos), também precisamos apoiar diferentes caminhos entre o piso e o teto (paredes amplas). Por quê? Crianças diferentes têm interesses e paixões diferentes, portanto vão querer trabalhar em projetos diferentes. Quando as crianças trabalham com o Scratch, por exemplo, algumas querem criar jogos de plataforma, outras querem criar animações de dança e algumas querem criar mensagens interativas: nossa estratégia de paredes amplas busca apoiar todas elas.

Além disso, as paredes amplas têm outro propósito. As crianças são diferentes umas das outras não apenas em virtude de seus interesses e paixões, mas pelas formas como brincam e aprendem. Para que todas as crianças se transformem em pensadoras criativas, precisamos apoiar todos os estilos de brincadeira e aprendizagem.

A diversidade de estilos de brincadeira e aprendizagem ficou clara quando começamos a testar nossos primeiros *kits* de robótica LEGO em salas de aula do ensino fundamental. Em uma das turmas, pedimos que os estudantes dissessem em que tipo de projetos gostariam de trabalhar e eles decidiram criar um parque de diversões. Cada um dos grupos trabalhou em uma atração diferente do parque.

Um grupo de três estudantes começou a trabalhar imediatamente em um carrossel. Eles criaram planos detalhados e depois usaram peças, vigas e engrenagens LEGO para construir a estrutura e os mecanismos. Depois, escreveram um programa de computador para fazê-lo girar e adicionaram um sensor de toque para controlá-lo. Sempre que alguém tocava o sensor, o carrossel girava em uma direção, depois na outra. O grupo testou diferentes programas de computador, que variavam a duração de tempo em que o carrossel girava em cada direção. O projeto inteiro, da ideia inicial à implementação final, demorou apenas cerca de duas horas.

Outro grupo, também com três estudantes, decidiu construir uma roda-gigante. Mas, depois de trabalhar 30 minutos na estrutura básica, deixaram-na de lado e começaram a construir uma barraca de bebidas ao lado da roda-gigante. No começo, fiquei preocupado. Um dos propósitos da atividade era que os alunos aprendessem sobre mecanismos de engrenagem e programação de computadores. Se eles construíssem barracas de bebidas sem engrenagens, motores ou sensores, não teriam essas importantes experiências de aprendizagem. Mas eu sabia que era melhor não intervir tão cedo.

Assim que terminaram a barraca de bebidas, construíram um muro ao redor de todo o parque de diversões. Depois, criaram um estacionamento e colocaram várias minifiguras LEGO caminhando no parque. Desenvolveram uma história elaborada sobre várias famílias que vinham de diferentes partes da cidade para passar um dia no parque de diversões. Só então, depois que o cenário do parque de diversões estava completo, os estudantes voltaram a construir e a programar a roda-gigante. Para eles, construir a roda-gigante não era interessante até imaginarem uma história relacionada a ela.

Em um estudo sobre como crianças interagem com seus brinquedos, Dennie Wolf e Howard Gardner identificaram dois estilos primários de brincar, descrevendo algumas crianças como *padronizadoras* e outras como *dramatizadoras*.* Padronizadoras são fascinadas por estruturas e padrões, e normalmente gostam de brincar com blocos, peças e quebra-cabeças. Dramatizadoras são mais interessadas em histórias e interações sociais, e preferem bonecos e bichos de pelúcia.

No *workshop* do parque de diversões, os membros do primeiro grupo seriam classificados como padronizadores: seu foco era fazer o carrossel funcionar, para depois testar os diferentes padrões de

---

* N. de T. Tradução do inglês *patterners* e *dramatists*, respectivamente.

comportamento. Os participantes do segundo grupo seriam dramatizadores: eles só se interessaram pela roda-gigante quando ela passou a fazer parte de uma história. Os dois grupos estavam trabalhando com os mesmos materiais e aprendendo coisas semelhantes sobre mecanismos de engrenagens e programação, mas tinham estilos diferentes de brincadeira e aprendizagem.

Essas variações de estilo não se aplicam apenas a estudantes do ensino fundamental, podendo ser vistas em alunos de todas as idades, inclusive em universitários. Durante o processo de desenvolvimento dos primeiros blocos programáveis, no começo dos anos 1990, dois estudantes de graduação do nosso grupo de pesquisa, Fred Martin e Randy Sargent, criaram a Competição de *design* de robôs para alunos do MIT, que se transformou em um evento anual. Todo mês de janeiro, durante o período entre semestres letivos, as equipes de estudantes do MIT passam quatro semanas — normalmente trabalhando o dia todo e dormindo pouco — projetando, construindo e programando robôs para competirem em tarefas específicas, como juntar bolas de pingue-pongue ou atravessar labirintos. No final do mês, centenas de espectadores vão até o maior auditório do *campus* para assistir às finais da competição.

Dois membros do corpo docente do Wellesley College, Robbie Berg e Franklyn Turbak, ficaram impressionados com o evento do MIT e decidiram organizar uma atividade semelhante para suas alunas, mas sentiram que uma competição de robôs não atrairia o mesmo nível de interesse entre as estudantes de uma faculdade de artes liberais para mulheres. Em vez disso, projetaram um curso chamado Estúdio de *design* de robôs, com uma abordagem um pouco diferente. Como a Competição de *design* de robôs do MIT, o Estúdio de *design* de robôs de Wellesley é uma experiência imersiva de um mês, na qual as participantes usam tecnologias semelhantes de robótica, mas, em vez de criar robôs para a competição, desenvolvem uma coleção variada de criações artísticas e expressivas, como uma versão robótica de uma cena de O *mágico de Oz*. No fim do mês, em vez de uma competição, há uma exposição das invenções robóticas, como a abertura de uma nova exposição em uma galeria de arte.

O Estúdio de *design* de robôs de Wellesley é diferente da Competição de *design* de robôs do MIT. O curso de Wellesley parece mais adequado para dramatizadores, enquanto o curso do MIT parece mais adequado para padronizadores. Mas os resultados são parecidos: os dois cursos são muito populares e ensinam conceitos e habilidades importantes de ciências e engenharia.

Os cursos de matemática e ciências do ensino fundamental até o ensino superior são tradicionalmente desenvolvidos para favorecer padronizadores em vez de dramatizadores — assim como tendem a favorecer planejadores em vez de exploradores. Essa é uma das grandes razões pelas quais várias crianças não se sentem motivadas pelas disciplinas de matemática e ciências, já que dramatizadores e exploradores costumam achar que não têm aptidão para tal. Não precisa ser assim. O problema não está nas matérias em si, mas em como elas são apresentadas e ensinadas. Sherry Turkle e Seymour Papert cunharam o termo "pluralismo epistemológico" para evidenciar a importância de aceitar, valorizar e apoiar diferentes formas de saber.

Ao desenvolver novas tecnologias e atividades, meu grupo de pesquisa do Media Lab está constantemente procurando formas de apoiar diferentes caminhos e estilos. Para o *workshop* do parque de diversões, oferecemos aos alunos não apenas engrenagens, motores e sensores (o que seria normal em *workshops* de robótica), mas também minifiguras LEGO e uma grande variedade de materiais de artesanato (como cartolina, pompons e purpurina). Esses materiais adicionais foram essenciais para criar a história do dia no parque que motivou os dramatizadores do trio da roda-gigante.

Também é importante oferecer aos estudantes tempo suficiente, porque alguns caminhos e estilos demoram mais que outros. E se o *workshop* do parque de diversões tivesse que terminar em uma hora? Nesse momento, a primeira equipe (padronizadores) já teria terminado um carrossel completamente funcional, com um programa de computador controlando os movimentos da atração. A segunda equipe (dramatizadores) teria construído apenas uma parte da roda-gigante e uma barraca de bebidas. Se o *workshop* tivesse terminado nesse momento, os padronizadores provavelmente teriam sido vistos como muito mais bem-sucedidos do que os dramatizadores. Felizmente, houve mais tempo para a equipe da roda-gigante continuar desenvolvendo a história do dia no parque e terminar de construir e programar sua atração.

Várias coisas diferem um aluno do outro: alguns são padronizadores, outros são dramatizadores; alguns são planejadores, outros exploradores; alguns preferem se expressar por meio de textos, outros por imagens. Muitas pessoas questionam se essas diferenças se devem à natureza ou à criação, ou seja, se esses estilos são natos ou baseados em experiências com o mundo. Para mim, essa não é a questão mais interessante ou importante. Em vez disso, devemos focar em como ajudar todas as crianças, de diferentes históricos e estilos de aprendizagem, a alcançar todo o seu potencial. Como podemos desenvolver tecnologias, atividades e cursos engajadores que sejam compatíveis com diferentes tipos de estudantes?

Ao mesmo tempo, devemos incentivar os alunos a saírem da sua zona de conforto. Para alguns tipos de problemas, planejar é mais vantajoso que o processo de exploração lúdica; para outros, a exploração tem mais vantagens. Investigar padrões é especialmente útil em algumas situações; em outras, contar histórias é ainda mais. Mesmo que um aluno se sinta mais confortável com um estilo, é interessante experimentar outras abordagens. Idealmente, todas as crianças devem ter a oportunidade de se engajar com o mundo no estilo mais natural e confortável para cada uma delas, mas também de poder testar outros estilos, para que possam mudar de estratégia de acordo com a situação.

TENTE, TENTE DE NOVO

Vendo projetos no *site* do Scratch, fiquei intrigado com as criações de um membro da comunidade cujo nome de usuário era EmeraldDragon. Meu interesse não estava tanto nos projetos especificamente (muitos dos quais, sem surpresa alguma, eram sobre dragões), e sim na maneira como EmeraldDragon os criava.

Em um de seus primeiros projetos, EmeraldDragon criou um jogo no qual o usuário podia controlar os movimentos de um dragão animado. Ela criou 12 imagens de um dragão, sendo que cada uma mostrava as pernas do dragão em posições levemente diferentes; depois, programou um *script* que percorria as imagens para criar a aparência de movimento, algo semelhante a um *flipbook*. EmeraldDragon testou diferentes versões do *script* para fazer o dragão se mover em direções variadas quando o usuário pressionasse diferentes teclas.

Quando EmeraldDragon compartilhou o projeto no *site* do Scratch, incluiu o seguinte comentário: "Eu estava apenas explorando os *scripts* no jogo e finalmente descobri como fazer para você conseguir correr para trás e para frente! Vou corrigir o jogo e disponibilizar a versão nova e aprimorada, mas que ainda não é o jogo final!". EmeraldDragon chamou seu projeto de *My dragon game (NOT finished)* (Meu jogo de dragão [NÃO acabado]), para deixar claro que o projeto ainda estava em andamento. Nas observações do projeto, escreveu: "Estou trabalhando para conseguir correr para trás e para frente sem que a pedra desapareça. Alguma dica ou ajuda?".

Na seção dos comentários do projeto, outros membros da comunidade ofereceram sugestões sobre como corrigir o problema. EmeraldDragon fez alterações no projeto e compartilhou uma versão aprimorada, mas ainda não estava satisfeita. Dessa vez, ela o chamou de *My dragon game (still NOT finished)* (Meu jogo de dragão [ainda NÃO acabado]). Nas observações do projeto, escreveu: "Esta é apenas uma etapa de um longo processo".

Muitas crianças ficam desmotivadas ou frustradas quando não conseguem fazer com que algo dê certo logo na primeira vez. Não é o caso de EmeraldDragon. Ela não tinha medo de errar. Para ela, os erros faziam parte do processo. Quando não conseguiu o que queria na primeira vez, ficou ansiosa para tentar, e tentar de novo. Continuou pedindo conselhos e sugestões para outros integrantes da comunidade e buscando novas estratégias para revisar e melhorar seu projeto.

Esse tipo de atitude é fundamental para o processo criativo. Em sua famosa TED Talk sobre criatividade, Sir Ken Robinson enfatiza a importância de assumir riscos e cometer erros. "Se você não estiver preparado para errar, nunca criará nada original", ele explica.

"Estamos mantendo sistemas educacionais nos quais os erros são a pior coisa que alguém pode fazer. Estamos educando as pessoas sem levar em conta as suas capacidades criativas."

Em vez disso, para ajudar as crianças a se desenvolverem como pensadoras criativas, precisamos criar ambientes em que elas se sintam confortáveis para errar, em que possam aprender com seus erros. Esse é um dos motivos pelos quais estou tão animado com o fato de as crianças estarem aprendendo a programar. Em comparação a muitas outras atividades, programar tende a ser mais flexível. Se você cortar um pedaço de madeira pela metade ou pregar dois pedaços de madeira juntos, provavelmente será difícil fazer algum ajuste depois disso. Na programação, é mais fácil desfazer qualquer coisa que tiver feito. É mais fácil se recuperar dos erros, fazer ajustes e tentar algo novo.

Existe uma tradição entre os programadores que consiste em ver os erros não como um sinal de falha, mas como "*bugs*" que podem ser corrigidos. Uma parte importante de se tornar um programador é aprender estratégias para *depurar*, ou seja, identificar e isolar um problema para conseguir fazer as alterações necessárias para corrigi-lo. Depurar não é um processo exclusivo da programação — na verdade, quando as crianças aprendem a programar, as estratégias que aprendem para depurar seus programas são úteis para todos os tipos de resolução de problemas e atividades de criação —, mas a programação é um contexto particularmente interessante para aprender e praticar a depuração, uma vez que é rápido e fácil fazer mudanças nos programas e testá-los novamente.

No Scratch, algumas estratégias de depuração estão relacionadas a práticas sociais. Assim como EmeraldDragon fez com seu jogo de dragão, as crianças podem recorrer umas às outras na comunidade *on-line* para receber conselhos e sugestões. Algumas hesitam em compartilhar projetos enquanto ainda estão trabalhando para corrigir os *bugs*, pois se preocupam com possíveis comentários excessivamente críticos. Para que se sintam mais confortáveis para compartilhar seus projetos em andamento, adicionamos um novo recurso ao Scratch, permitindo que indiquem que um projeto ainda está na fase de rascunho. Ao fazerem isso, podem controlar o que outros membros da comunidade esperam do projeto, ao mesmo tempo em que esclarecem que querem receber *feedback* e conselhos sobre ele.

Para algumas crianças, as experiências com o Scratch mudaram radicalmente o modo como enxergam os erros e as falhas. Em um comercial de televisão sobre a *Africa Code Week*, um jovem *scratcher* explicou o seguinte: "Para mim, pessoalmente, foi uma forma de aceitar os erros e acabar com o medo de falhar, porque as falhas são muito importantes na programação. Fazer com que algo dê errado é como a melhor coisa que pode você pode fazer, porque isso ou leva a resolver o desafio – ou quando o computador faz algo estranho que eu não esperava, mas que achei interessante, e aí começo a buscar isso".

Essa maneira de pensar está de acordo com o que a psicóloga Carol Dweck chamou de *mentalidade de crescimento*. De acordo com Dweck, as pessoas que têm uma mentalidade de crescimento veem a inteligência como algo maleável e reconhecem que podem continuar aprendendo e se desenvolvendo por meio de esforço e dedicação. Consequentemente, estão dispostas a aceitar os desafios, persistir diante das dificuldades e aprender com os erros. Por sua vez, as que têm uma *mentalidade fixa* veem a inteligência como uma característica imutável. Tendem a ver os erros como um sinal da própria inadequação inerente e, portanto, estão propensas a evitar os desafios e a desistir facilmente.

Quando meu grupo de pesquisa desenvolve novas tecnologias e atividades, sempre tentamos promover e apoiar a mentalidade de crescimento. Por meio do projeto de nosso ambiente de programação e de nossa administração da comunidade *on-line* Scratch, tentamos criar condições para que as crianças se sintam confortáveis e motivadas para testar coisas novas, assumir riscos, tirar dúvidas quando não conseguirem prosseguir sozinhas, experimentar novas estratégias quando algo der errado e ajudar umas às outras em suas explorações contínuas.

Por isso, ficamos felizes quando vemos postagens como esta, a de uma mãe refletindo sobre a experiência da filha com o Scratch: "Essa experiência deu a ela coragem de tentar fazer coisas novas. Mesmo quando o resultado inicial é uma falha, essa falha se torna apenas uma dica de um caminho alternativo a se seguir e não o final da busca, e existem múltiplos caminhos que podem levar ao mesmo destino: nem sempre há um jeito 'certo' e um 'errado'".

TENSÕES E COMPROMISSOS: AVALIAÇÃO

Nossos colegas do Exploratorium publicaram um artigo chamado "It looks like fun, but are they learning?" (Parece divertido, mas eles estão aprendendo?). Frequentemente ouvimos perguntas parecidas sobre nossas atividades. É claro que uma abordagem lúdica parece interessante, mas o que as crianças acabam ganhando com essa experiência? Essas questões apontam para um dos maiores desafios em nossos esforços para cultivar a criatividade: como podemos avaliar o que as crianças estão aprendendo?

Para explorar essas questões, vou começar contando uma história sobre aprendizagem, criatividade e avaliação da cidade-estado insular de Singapura. Os alunos de Singapura estão, consistentemente, entre os melhores do mundo nos exames internacionais padronizados, como o Programa Internacional de Avaliação de Alunos (PISA) e o Trends in International Mathematics and Science Study (Tendências Internacionais em Estudos de Matemática e Ciências) — TIMSS — e os educadores e autoridades governamentais estão compreensivelmente orgulhosos da alta classificação de seu país nesses testes.

Mas existe um problema. Quando as empresas de Singapura passaram a investir em atividades mais criativas nas duas últimas décadas, descobriram que os estudantes saídos do ensino médio não estavam mais atendendo às suas necessidades. Um executivo explicou que os novos funcionários se saíam bem em tarefas bem-definidas, que correspondiam ao que eles tinham aprendido na escola, entretanto, assim que situações inesperadas apareciam, muitos dos novos funcionários, mesmo aqueles com notas altas nos exames internacionais, não eram capazes de se adaptar e descobrir novas estratégias para lidar com os desafios.

Em resposta, o Ministério da Educação de Singapura tentou introduzir mudanças nas escolas, a fim de incentivar um pensamento mais criativo. As instituições estão testando novas estratégias de ensino, em um esforço de se distanciarem da abordagem de exercício e prática e da aprendizagem por meio da memorização, tão comum em diversas salas de aula do país.

Em uma de minhas visitas a Singapura, um representante do Ministério me levou a uma escola onde os estudantes estavam construindo e programando seus próprios robôs usando o *kit* de robótica LEGO Mindstorms. Os alunos me mostraram os robôs que haviam criado para uma competição nacional de robótica e demonstraram como os haviam programado para que atravessassem um labirinto. Sugeri algumas tarefas novas para os robôs, e os alunos rapidamente os reprogramaram, criando soluções criativas para os desafios. Fiquei impressionado. Era evidente que tinham aprendido algumas habilidades de engenharia e, mais importante (ao menos para mim), estavam se desenvolvendo como pensadores criativos.

Antes de ir embora, falei com a professora da turma e perguntei como ela havia integrado as atividades de robótica ao currículo da sala de aula. Ela me olhou com uma expressão de espanto, como se eu tivesse feito uma pergunta sem cabimento. "Ah, não", disse. "Nós nunca faríamos essas atividades durante as aulas. Os alunos trabalham em seus projetos de robótica depois da escola. Durante as aulas, precisam se concentrar nas lições."

A professora estava orgulhosa das conquistas de seus alunos na competição nacional de robótica, e sabia que o governo estava incentivando esse tipo de atividade para ajudá-los a se desenvolverem como pensadores criativos. Mas, ainda assim, ela não conseguia imaginar a inclusão de atividades de robótica na sala durante as aulas. Precisava se concentrar nas principais matérias para preparar os alunos para os exames.

Embora essa história envolva uma professora específica e um determinado conjunto de atividades, indica um dilema mais abrangente: como podemos incentivar e apoiar a criatividade em uma época em que os exames padronizados definem a proposta das atividades em sala de aula? Em muitos lugares, os exames definem inclusive a agenda das vidas das crianças fora da escola, uma vez que os pais matriculam seus filhos em cursos extracurriculares especializados para ajudá-los a se prepararem.

Existem alguns bons argumentos que defendem os exames padronizados. Há a necessidade de prestar contas (o dinheiro dos impostos está sendo bem-gasto?), de dar *feedback* aos professores (seus métodos de ensino estão dando certo?) e aos alunos (eles têm conceitos e entendimentos equivocados?).

Mas os exames padronizados estão medindo as coisas certas? Podem conseguir mensurar quão bem os alunos conseguem resolver problemas de aritmética, quão bem eles aprenderam determinadas datas da história ou até que ponto conseguem seguir instruções, mas conseguem mensurar as coisas que farão a maior diferença na vida das crianças? Mais especificamente, eles conseguem medir a capacidade de as crianças pensarem de forma criativa?

Alguns críticos compararam o uso de exames padronizados a uma pessoa que perde as chaves em uma rua escura e as procura perto do poste de luz porque é mais fácil. As escolas não sabem como medir o pensamento criativo, então optam por aspectos mais fáceis de serem medidos. Alguns desses dados podem ser úteis, mas acabam distorcendo as prioridades. Existe um ditado antigo que diz "Valorizamos o que medimos". As escolas focam mais atenção e valorizam mais aquilo que conseguem medir, em vez de valorizarem e se concentrarem naquilo que fará mais diferença na vida das crianças.

Já existem esforços para desenvolver medidas quantitativas melhores para o pensamento criativo (e outras habilidades e competências que têm sido tradicionalmente difíceis de medir). No mundo de hoje, obcecado por dados, algumas pessoas pensam que tudo pode ser quantitativamente medido, basta descobrirmos quais os dados certos para coletar. Eu não acredito nisso. Como o sociólogo William Bruce Cameron escreveu: "Nem tudo que pode ser contado conta, e nem tudo que conta pode ser contado".

Atualmente, fala-se muito sobre práticas "baseadas em evidências" na educação, o que significa que deveríamos decidir como e o quê ensinar com base em evidências, e que deveríamos avaliar o progresso dos estudantes com base em evidências. Eu certamente concordo que devemos valorizar as evidências, mas, geralmente, as pessoas dão foco às evidências quantitativas, expressadas em números e estatísticas. Isso é um problema. Se quisermos apoiar aquilo que é mais valioso e importante (como o pensamento criativo e a alegria da aprendizagem), precisamos ampliar nosso entendimento de evidência. Em vez de tentar apenas *medir* o que as crianças aprendem (por meio de números), também precisamos *registrar* o que elas aprendem (por meio de exemplos convincentes). Em vez de tentar avaliar o que as crianças aprenderam por meio de exames com respostas do tipo certo/errado, devemos trabalhar com elas para documentar seus projetos, ilustrando o que elas criaram, como criaram e por quê criaram. Professores e outras pessoas poderão, dessa forma, analisar esses portfólios e dar às crianças sugestões e *feedback* sobre seus projetos e processos de aprendizagem.

A maioria dos sistemas escolares, e a maioria das pessoas, não leva as abordagens baseadas em portfólios tão a sério quanto os "números precisos". Desde a educação infantil ao ensino médio, os portfólios são, muitas vezes, desmerecidos, vistos como uma abordagem "fraca" de avaliação. No entanto, os portfólios e as formas não quantitativas de evidências se mostraram muito bem-sucedidos em outros contextos. Pense no processo usado quando fui avaliado para uma promoção como membro do corpo docente do MIT. Ninguém me fez prestar um exame. Ninguém fez uma análise quantitativa de minhas contribuições para pesquisas. Em vez disso, me pediram para montar um portfólio com exemplos de meu trabalho. Então, o MIT pediu a especialistas da minha área para analisar meu portfólio e dar *feedback* sobre a relevância e a criatividade de minhas contribuições.

Quando admitimos estudantes em nosso programa de pós-graduação no MIT Media Lab, também nos concentramos em portfólios e em formas não quantitativas de avaliação. Os candidatos não precisam enviar notas de testes padronizados; embora tenham que enviar um histórico escolar, eu raramente os analiso. Em vez disso, examino os portfólios de projetos e resumos de pesquisas, nos quais os candidatos descrevem por que trabalharam em seus projetos, o que aprenderam e o que pretendem fazer em seguida.

Essa ênfase em avaliações não quantitativas combina perfeitamente com o foco do Media Lab em criatividade e inovação. Não é fácil mensurar a criatividade e a inovação de maneira quantitativa, então é preciso recorrer a diferentes abordagens de avaliação. Se portfólios e outras abordagens não quantitativas são boas o suficiente para o Media Lab, por que não seriam para as escolas também?

Não estou sugerindo que existam respostas fáceis sobre como avaliar os estudantes. Muitas das abordagens que usamos no Media Lab não são fáceis de se ampliar, assim, não poderiam, necessariamente, ser usadas para avaliar um grande número de alunos. Entretanto, manter o foco dos estudantes em testes e medições é distorcer as prioridades e as práticas de educadores, pesquisadores e familiares. Se realmente nos importamos em preparar as crianças de hoje para que prosperem na sociedade de amanhã, precisamos repensar nossas abordagens de avaliação, nos certificando de dar foco no que é mais importante para as crianças aprenderem, não naquilo que pode ser medido mais facilmente.

COM A PALAVRA, AS CRIANÇAS: JIMMY

Quando criança, Jimmy costumava ir ao Computer Clubhouse ao lado de sua escola na Costa Rica. Hoje, com 29 anos de idade, é engenheiro da IBM em seu país.

Eu: Como foi seu primeiro contato com a organização?

Jimmy: Eu vi o Computer Clubhouse e fiquei muito curioso. Meus pais não tinham dinheiro para comprar LEGO. Perguntei ao coordenador do Clubhouse: "Quanto preciso pagar para poder brincar com os *kits* de LEGO?". Ele respondeu: "Nada, é de graça". Pensei que ele estava brincando. Então, ele me mostrou o *kit* de robótica LEGO Mindstorms. Abri a caixa e tudo mudou: podia continuar aprendendo e aprendendo, e era de graça.

Eu: Parece que você era apaixonado por construir coisas desde pequeno. De onde vem essa paixão?

Jimmy: Meu pai era carpinteiro e me ensinou a construir pequenas coisas com madeira. Nessa época, aprendi que tinha facilidade para construir coisas com as mãos. Lembro-me de ter construído carrinhos com tampinhas de garrafa e quadradinhos de madeira; usei garrafas, papel, plástico, cola e outros materiais para fazer robozinhos. Eles não se moviam, eram apenas bonequinhos, mas foi assim que comecei a fazer robôs antes de frequentar o Computer Clubhouse.

Eu: Que tipos de robôs você construiu no centro comunitário?

Jimmy: Quando era criança, gostava de dinossauros. Lembro-me do tiranossauro rex que criei, que tinha duas pernas. Era o tipo de criança que não queria usar rodinhas. Pensei: "Por que tenho que usar rodinhas? Quero usar pernas". Estudei imagens de diferentes animais. Como eles moviam as pernas? Nessa época, eu tinha 12 anos ou menos, e esse foi meu primeiro robô bípede. Depois disso, desenvolvi muitos outros que nem ele.

Também me lembro de construir um macaco que se movia com seus braços. Nós colocamos uma corda atravessando a sala, e o macaco podia andar ao longo dela, apoiando um braço depois o outro. Eu pensei: "Por que precisaria de rodinhas para ir de um lado ao outro?".

Construí uma máquina para classificar peças LEGO de acordo com a cor delas. Ela tinha um braço pequeno que empurrava as peças LEGO em uma direção ou outra e utilizava um sensor que retirei de uma impressora. Desenvolver o código foi um grande desafio para mim: levei várias semanas.

Eu: Enquanto trabalhava nos projetos, como você aprendia as coisas que precisava aprender?

Jimmy: Quando comecei a construir robôs, comecei a brincar com polias e engrenagens. Estava sempre testando coisas novas para ver o que daria certo. Aprendi como podemos juntar uma engrenagem pequena com outra grande para obter uma velocidade mais baixa ou mais alta. E o Clubhouse tinha livros que mostravam diferentes mecanismos, como um livro que mostrava desenhos de Leonardo da Vinci.

Depois, precisava aprender a programar os robôs. Não sabia nada a respeito disso, e comecei a programar em Logo, com a pequena tartaruga. Ao programar essa tartaruguinha, aprendi a sintonizar minha mente com a lógica da programação. Depois do Clubhouse, usei a mesma lógica para aprender C++, Java e Python, mas tudo começou com a linguagem Logo, com a pequena tartaruga, no Clubhouse.

Aprendi muito trabalhando com outros integrantes. Estávamos sempre compartilhando ideias. Quando fui ao *Clubhouse teen summit* (Encontro de jovens do Clubhouse), tive a chance de trabalhar com crianças de vários países, e isso era uma grande novidade para mim. Compartilhei

	ideias com outras crianças, elas compartilharam ideias comigo e, juntos, conseguimos construir um robô melhor.
Eu:	Como suas experiências no Clubhouse prepararam você para seu trabalho atual na IBM?
Jimmy:	Muitas portas se abriram para mim graças ao Clubhouse. Estudei eletrônica na faculdade e agora sou engenheiro na IBM da Costa Rica. No meu cargo, trabalho com pessoas de diferentes países, assim como no *Clubhouse teen summit*.
	No centro, aprendi que podemos criar coisas se nos dedicarmos com mente, coração e paixão. Não é só a tecnologia, é a filosofia. Aprendi a compartilhar, compartilhar e compartilhar: compartilhar informações, compartilhar tecnologia e compartilhar o que sabemos.
Eu:	Quais são seus planos para o futuro?
Jimmy:	Fora do meu trabalho na IBM, estou desenvolvendo robôs usando Scratch, Arduino e LEGO WeDo. Pretendo começar um *site* no qual as crianças possam baixar instruções de montagem, inclusive o código do Scratch, totalmente de graça, com construções e robôs alternativos.
	Quero ensinar muito do que aprendi no Computer Clubhouse a outras pessoas. Gosto de dizer que a tecnologia não é o fim: é uma ponte para ajudar os outros. Quero ajudar outras crianças a aprenderem do jeito que eu aprendi no centro comunitário. Não posso guardar meus conhecimentos só para mim. Quero colocar tudo o que eu aprendi à disposição de outras pessoas.

Sociedade criativa

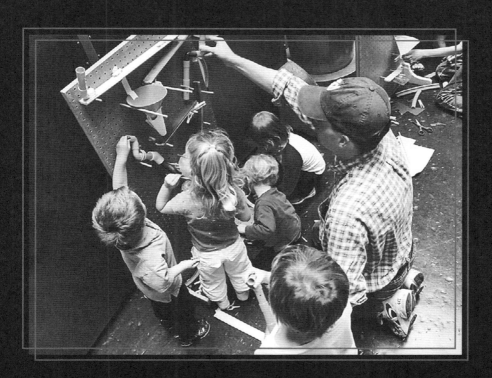

AS CEM LINGUAGENS

Muito se falou nas últimas décadas sobre a transição de uma *sociedade industrial* para uma *sociedade da informação*. As pessoas passaram a ver informações, e não recursos naturais, como a força motriz da economia e da sociedade. Outros preferem descrever nossa era atual como a *sociedade do conhecimento*, argumentando que informações são úteis apenas quando transformadas em conhecimento.

Neste livro, tenho defendido um quadro diferente: a *sociedade criativa*. Conforme o ritmo das mudanças do mundo continua acelerando, as pessoas precisam aprender a se adaptar a condições em constante transformação. No futuro, o sucesso (de indivíduos, de comunidades, de empresas e de nações como um todo) será pautado na capacidade de pensar e de agir criativamente.

A mudança para uma sociedade criativa traz à tona uma necessidade e uma oportunidade. Há uma necessidade emergencial de ajudar os jovens a se desenvolverem como pensadores criativos, para que estejam preparados para uma vida em um mundo que muda rapidamente. Ao mesmo tempo, podemos usar essa transição como uma oportunidade de promover um conjunto mais humano de valores na sociedade. Uma das melhores formas de ajudar os jovens a se prepararem para viver em uma sociedade criativa é garantir que eles possam seguir seus interesses, explorar suas ideias e desenvolver suas vozes. Eu defenderia esses valores em qualquer época, mas eles são mais importantes agora do que nunca.

Para aproveitar essa oportunidade e fomentar esses valores, precisamos juntar pessoas de todas as partes da sociedade: pais, professores, *designers*, legisladores e crianças. Como podemos fazer isso? Um dos lugares em que busquei ideias e inspiração foi a pequena cidade de Reggio Emilia, na Itália, onde foi desenvolvida uma rede de jardins de infância e pré-escolas que dá uma prévia das possibilidades da sociedade criativa.

O cerne da abordagem de Reggio é o profundo respeito às habilidades da criança. As escolas são criadas para apoiar e documentar as explorações e investigações das crianças. Em visita a uma sala de aula de Reggio, vi uma mesa cheia de lupas, microscópios e *webcams* usados para examinar a microestrutura da alface e de outros vegetais. Em outra mesa, havia um conjunto incrível de gizes de cera, marcadores e materiais de artesanato que as crianças usavam para desenhar cenas da cidade e para construir modelos baseados em seus desenhos. Em outra sala, as crianças estudavam as minhocas que encontraram em um campo ao lado da escola e faziam uma longa lista de coisas que estavam aprendendo sobre elas.

Nas salas de aula de Reggio, crianças e professores estão constantemente registrando seu trabalho e fixando seus registros nas paredes para que todos vejam. Isso é parte de um processo que eles chamam de *tornar a aprendizagem visível*. Esses registros têm diversas finalidades: incentivam as crianças a refletirem sobre seu trabalho, permitem que os professores entendam melhor o pensamento de seus alunos e são uma forma de os pais (quando visitarem a sala de aula) verem em que seus filhos estão trabalhando. Os pais são vistos como parceiros e colaboradores, convidados a participar de todas as partes do processo educativo.

Parte dos registros é publicada como livro para que professores, pais e pesquisadores do mundo todo possam aprender com as experiências de Reggio. Um dos livros documenta uma investigação sobre sombras, ele é cheio de fotografias de crianças criando e brincando com sombras, explorando como diferentes objetos podem criar diferentes tipos de sombras e como elas mudam durante o dia. Ele também inclui desenhos de sombras e explicações de como elas funcionam, feitos pelas crianças. O título do livro é encantador, baseado em uma citação de um dos alunos: *Everything has a shadow except ants* (Tudo tem uma sombra, exceto formigas).

Equipes de crianças muitas vezes se engajam em projetos colaborativos de longo prazo. Em minha primeira visita a Reggio, em 1999, uma turma de jardim de infância se envolveu em um projeto de um ano para a criação de novas cortinas para a casa de ópera da cidade, que ficava a algumas quadras da escola. As crianças passaram várias semanas na ópera, estudando seu interior e exterior. Decidiram que o *design* das cortinas precisava incluir plantas e insetos, em parte por causa do interesse delas nas plantas ao redor da ópera e em parte pelo interesse delas no filme *Vida de inseto*, que havia acabado de ser lançado. Colaborando com seus professores, exploraram ideias acerca de transformação e metamorfose: como sementes se transformam em plantas e lagartas, em borboletas.

As crianças criaram centenas de desenhos de plantas e insetos que foram digitalizados em computador, editados e combinados, e depois reproduzidos em grande escala. Perto do final do ano, elas passaram, novamente, várias semanas na ópera, pintando suas imagens nas cortinas. O projeto foi um exemplo de como as crianças de Reggio se envolveram ativamente na vida da comunidade. Em outro projeto, elas desenvolveram e criaram fontes para pássaros nos parques de Reggio. "Crianças são cidadãos plenos desde o momento em que nascem", disse Carla Rinaldi, que liderou várias das iniciativas educacionais. Em Reggio, não é apenas necessária uma vila para criar uma criança, mas também crianças para criar uma vila.

Loris Malaguzzi teorizou as bases da abordagem de Reggio enquanto trabalhava em escolas dessa cidade dos anos 1960 aos 1990. Uma das principais ideias de Malaguzzi era a de que crianças têm várias formas de explorar o mundo e de se expressar. Em seu poema *The hundred languages* (As cem linguagens), Malaguzzi escreveu:

> A criança tem
> cem linguagens
> cem mãos
> cem pensamentos
> cem modos de pensar
> de brincar e de falar.

Malaguzzi criticava a forma como a maioria das escolas limitava a imaginação e a criatividade das crianças:

> A criança tem
> cem linguagens
> (e cem cem cem mais)
> mas roubam dela noventa e nove.
> A escola e a cultura
> separam a cabeça do corpo.
> Elas dizem à criança:
> para pensar sem as mãos

para fazer sem a cabeça
para escutar e não falar
para compreender sem alegria
para amar e se encantar
apenas na Páscoa e no Natal.

Malaguzzi desenvolveu suas ideias principalmente para crianças do jardim de infância e pré-escola, mas a abordagem de Reggio é válida para estudantes de todas as idades. Precisamos apoiar cem (ou mais) linguagens para todos, em todos os lugares.

Não é fácil colocar essas ideias em prática. John Dewey, o pioneiro do movimento educacional progressivo, escreveu que sua abordagem era "simples, mas não fácil", ou seja, é relativamente fácil de descrever, mas difícil de se implementar. O mesmo se aplica à abordagem de Reggio e aos quatro Ps da aprendizagem criativa.

O caminho para a sociedade criativa não é fácil nem direto. Precisamos engajar muitas pessoas de diversas formas. Nas três próximas seções, dou dicas de como apoiar e participar do movimento em direção à sociedade criativa, seja como estudante, pai, professor, *designer* ou desenvolvedor.

DEZ DICAS PARA ESTUDANTES

Quando as crianças trabalham em projetos, aprendem habilidades específicas para usar determinadas ferramentas e tecnologias, mas, mais importante, aprendem estratégias gerais de como trabalhar em projetos criativos. Para esta seção, comecei a compilar uma lista dessas estratégias de aprendizagem criativa. Mas quando estava analisando algumas observações antigas, encontrei uma lista de estratégias criada por um grupo de crianças — e gostei mais da lista delas do que da minha! Decidi usar a lista delas para estruturar esta seção.

A lista foi criada em um *workshop* no Museum of Science em Boston, Estados Unidos, organizado por Bakhtiar Mikhak, em que um grupo de crianças de 12 anos usou algumas de nossas tecnologias de protótipos de robôs para criar invenções interativas. Ao final do dia, depois de demonstrarem e discutirem sobre seus projetos, Bakhtiar pediu que escrevessem dicas para outras crianças que participariam de um *workshop* semelhante no dia seguinte. Veja as dicas que elas escreveram (e também meus comentários em cada uma).

1. COMECE SIMPLES

Esta dica pode parecer óbvia, mas é surpreendente a frequência com que é ignorada. Quando as crianças começam a fazer seu primeiro projeto no Scratch, costumam criar um grande conjunto de *scripts* complexos, sem nem mesmo testá-los para saber o que cada um faz. Quando estou fazendo um projeto Scratch, sempre começo com um *script* simples, verifico se ele funciona do jeito que quero e só depois faço adições a ele e continuo testando (e revisando) cada nova versão durante o processo. Quando estou coordenando um *workshop*, incentivo os participantes a seguirem uma estratégia semelhante: começar com algo simples, testar e continuar fazendo extensões e aprimoramentos. Essa estratégia se aplica não só aos projetos do Scratch, mas a todos os tipos de projetos.

2. TRABALHE EM ALGO DE QUE GOSTE

Minha colega, Natalie Rusk, costuma dizer que os "interesses são uma fonte natural que alimenta a aprendizagem". Quando trabalhamos em projetos pelos quais nos interessamos, nos dispomos a trabalhar por mais tempo, nos esforçamos mais e persistimos diante dos desafios. Também ficamos motivados para aprender coisas novas. Natalie dá o exemplo de seu irmão mais novo: quando criança, ele adorava música, o que o motivou não só a aprender a tocar instrumentos musicais, mas também a estudar sobre a eletrônica e a física do som (para poder gravar, amplificar e manipular músicas e sons). A ligação entre aprendizagem e motivação é uma via de mão dupla. Como o poeta irlandês W. B. Yeats uma vez escreveu: "Educação não é encher um balde, mas acender uma chama".

3. SE NÃO TIVER IDEIA DO QUE FAZER, EXPLORE UM POUCO

Começar um novo projeto pode ser intimidante, como ficar encarando uma folha em branco sem saber o que escrever. Não se preocupe: não tem problema não ter uma meta ou um plano logo de início. Às vezes, as melhores ideias surgem por meio das explorações lúdicas. Tente usar suas ferramentas e materiais de novas maneiras: use materiais familiares de formas não familiares, e use materiais não familiares de formas familiares. Faça algo bobo ou extravagante. Se algo chamar sua atenção, concentre-se e explore isso. Deixe sua curiosidade guiar você. Se ouvir a voz de sua curiosidade, acabará definindo novas metas e planos, além de poder descobrir novas paixões.

4. NÃO TENHA MEDO DE EXPERIMENTAR

É útil aprender a seguir instruções. Se segui-las corretamente, você poderá montar móveis sozinho, preparar uma boa refeição e provavelmente se sairá bem na escola. Em contrapartida, se *sempre* seguir instruções, e se *apenas* seguir instruções, você nunca fará nada muito criativo ou inovador, e ficará "paralisado" ao encontrar uma nova situação à qual as instruções não se aplicam. Para se tornar um pensador criativo, é preciso estar disposto a experimentar, a tentar coisas novas, a ignorar a sabedoria convencional. Quando fazemos alterações em uma receita, existe a chance de acabar com um jantar intragável, mas também a de criar um prato inovador.

5. ENCONTRE UM AMIGO PARA TRABALHAR E COMPARTILHAR IDEIAS

Existem muitas maneiras diferentes de trabalhar com outras pessoas. Vocês podem colaborar diretamente em um projeto ou apenas compartilhar ideias e cada um trabalhar no próprio projeto. Você pode se inspirar em alguém, sem precisar falar com essa pessoa. Você pode fazer parte de um pequeno grupo ou de uma grande equipe. Você pode ser o líder do grupo ou apenas um colaborador secundário. Todos os tipos de compartilhamento e colaboração podem ser úteis no processo de aprendizagem. Jean Lave e Etienne Wenger cunharam o termo *participação periférica legítima* para descrever como você pode começar a se envolver em uma nova comunidade por meio de formas simples de compartilhamento e colaboração, e integrar-se, gradativamente, em funções mais significativas.

6. NÃO HÁ NADA DE ERRADO EM COPIAR (PARA TER UMA IDEIA)

Eu usei esta dica quando estava escrevendo esta seção do livro! Como expliquei no início, decidi "copiar" esta lista de dicas de aprendizagem de um grupo de crianças. Muitas vezes as pessoas dizem que copiar é o mesmo que roubar ou trapacear, mas não há problema algum em copiar, contanto que se dê o devido crédito aos autores (como fiz no início da seção) e se acrescente algumas ideias próprias (como estou fazendo com meus comentários nessas dicas). As comunidades se tornam mais criativas quando seus membros podem utilizar o trabalho uns dos outros. Lembre-se de que essa é uma via de mão dupla: você deve se sentir à vontade para utilizar o trabalho de outras pessoas, mas também deve estar aberto às pessoas que querem utilizar seu trabalho.

7. GUARDE SUAS IDEIAS EM UM CADERNO DE RASCUNHOS

Documentar suas ideias e projetos pode parecer uma tarefa chata. Nas salas de aula das escolas, a documentação costuma ser vinculada à avaliação: é preciso documentar seu trabalho para que o professor possa avaliar o que você fez, o que não é muito motivador. Mas existem outros motivos para documentar seu trabalho, seja em um caderno de rascunhos ou em um *blog on-line*. Por meio de sua documentação, é possível compartilhar ideias e projetos com outras pessoas, além de receber *feedback* e sugestões sobre elas. Também é muito útil ver o que você já fez anteriormente na própria documentação. Você pode pensar na documentação como uma forma de compartilhar com o seu "eu" futuro. Ver a documentação de seus projetos anteriores é uma maneira de se lembrar de como fez algo ou por que fez aquilo da maneira que fez — e de ter ideias de como fazer melhor (ou ao menos de outro jeito) no futuro.

8. MONTE, DESMONTE E MONTE DE NOVO

Você não deve esperar acertar tudo na primeira tentativa. Costuma ser interessante fazer várias tentativas. Em uma famosa TED Talk, Tom Wujec descreveu uma atividade de *design* chamada *Marshmallow challenge* (Desafio do *marshmallow*), na qual algumas equipes tentaram construir a escultura mais alta que conseguissem em 18 minutos, usando apenas espaguete, fita adesiva, barbante e um *marshmallow* (que deveria ser colocado no topo). Wujec contou que os alunos do jardim de infância se saíram melhor nesta tarefa do que os alunos universitários do curso de administração. Por quê? Os universitários eram mais propensos a criar planos detalhados de como projetar e construir a escultura nos 18 minutos, mas não tinham tempo para corrigir os problemas que, inevitavelmente, surgiam, por isso muitos deles acabaram com esculturas que desabaram. A maioria dos alunos do jardim de infância usou uma abordagem diferente. Nos primeiros minutos, fizeram uma estrutura simples que deu certo, depois passaram o restante do tempo fazendo revisões, extensões e melhorias.

9. MUITAS COISAS PODEM DAR ERRADO; PRENDA-SE A ISSO

Há pouco tempo, pensei na relação entre *ficar preso* e *prender-se a algo*. Quando ficamos *presos* em um problema ou projeto, isto é, não conseguimos progredir, nós *nos prendemos* a ele? Ser determinado e persistente é importante, mas não é suficiente; precisamos também de estratégias para nos *desprender*, ou seja, seguir adiante. Karen Brennan estudou o modo como as crianças ficam travadas ao trabalhar nos projetos do Scratch, bem como as estratégias que utilizam para se destravar: elas exploraram o código, procuraram exemplos parecidos na comunidade *on-line*, ou encontraram alguém para trabalhar em parceria no projeto. Também disseram: "Você precisa saber quando fazer uma pausa". Depois de descansar um pouco, pode voltar ao projeto com ideias renovadas.

10. CRIE SUAS PRÓPRIAS DICAS DE APRENDIZAGEM

As crianças do *workshop* do Museum of Science listaram apenas nove dicas, mas eu gostaria de incluir dez em cada seção deste capítulo, então adicionei a décima por conta própria.

É importante ler listas de estratégias de aprendizagem recomendadas, mas, às vezes, é ainda mais importante desenvolver as próprias estratégias. Preste atenção em sua própria aprendizagem, veja o que funciona para você (e o que não funciona) e tente formular estratégias que guiem o modo como vai abordar a aprendizagem no futuro. Continue refinando suas estratégias de aprendizagem ao longo do tempo e compartilhe-as com outras pessoas. Lembre-se: o que dá certo para você também pode ajudar outras pessoas.

DEZ DICAS PARA PAIS E PROFESSORES

É um erro comum acreditar que a melhor forma de incentivar a criatividade das crianças é simplesmente sair do caminho e deixá-las serem criativas. Embora seja verdade que crianças são naturalmente curiosas e questionadoras, elas precisam de apoio para desenvolver suas capacidades criativas e alcançar todo o seu potencial criativo.

Apoiar o desenvolvimento de crianças é sempre uma questão de equilíbrio: quanta estrutura e quanta liberdade; quando interferir e quando deixá-las agir sozinhas; quando mostrar, falar, perguntar e ouvir.

Quando estava elaborando esta seção, decidi combinar dicas para pais e professores, porque acredito que as principais questões de incentivo da criatividade são as mesmas, seja em casa, seja em sala de aula. O principal desafio não é "ensinar criatividade" às crianças, mas como criar um ambiente fértil para que sua criatividade possa criar raízes, crescer e florescer.

Organizei esta seção com base nos cinco componentes da espiral da aprendizagem criativa (conforme mostrado no Capítulo 1): imaginar, criar, brincar, compartilhar e refletir. Proponho algumas estratégias para ajudar as crianças a *imaginar* o que elas querem fazer, a *criar* projetos *brincando* com ferramentas e materiais, a *compartilhar* ideias e criações com outras pessoas e a *refletir* sobre suas experiências.

Para cada um dos cinco componentes, vou sugerir duas dicas, ou seja, dez no total. É claro que essas dez dicas são apenas um minúsculo subconjunto de todas as coisas que podemos investigar e fazer para fomentar a criatividade das crianças. Considere-as uma amostra representativa e crie suas próprias dicas.

1. IMAGINAR: MOSTRE EXEMPLOS PARA DESPERTAR IDEIAS

Uma página, um quadro ou uma tela em branco pode ser intimidador. Um conjunto de exemplos pode ajudar a estimular a imaginação. Quando realizamos *workshops* sobre o Scratch, sempre começamos mostrando exemplos de projetos, para oferecer uma noção do que é possível fazer (projetos inspiradores) e trazer ideias sobre como começar (projetos iniciais). Mostramos uma variedade de projetos, com o intuito de criar uma conexão com interesses e paixões dos participantes do *workshop*. É claro que existe o risco de as crianças simplesmente copiarem os exemplos, e isso é aceitável, mas apenas no começo. Incentive-as a modificar os exemplos. Sugira que insiram suas próprias vozes ou adicionem um toque pessoal. O que elas poderiam fazer diferente? Como poderiam adicionar seu próprio estilo e associar a seus próprios interesses? Como poderiam deixar o projeto com a cara delas?

2. IMAGINAR: INCENTIVE A EXPLORAÇÃO LIVRE

A maioria das pessoas presume que a imaginação acontece na cabeça, mas as mãos são igualmente importantes. Para ajudar as crianças a terem ideias para projetos, costumamos incentivá-las a mexer livremente com materiais. Novas ideias surgem quando brincam com peças LEGO ou fazem explorações livres com materiais de artesanato; uma atividade sem propósito pode se tornar o início de um projeto extenso. Às vezes, organizamos pequenas atividades práticas para que as crianças deem o primeiro passo. Por exemplo, pedimos que juntem algumas peças LEGO e passem a estrutura a um amigo para que ele adicione mais algumas peças, e assim por diante. Depois de repetir isso algumas vezes, frequentemente as crianças têm novas ideias para o que querem construir.

3. *CRIAR:* FORNEÇA MATERIAIS DIFERENTES

Brinquedos, ferramentas e materiais são grandes influências para crianças. Para que realizem atividades criativas, é necessário que tenham acesso a uma grande diversidade de materiais para desenhar, construir e manipular. Novas tecnologias, como *kits* de robótica e impressoras 3D, podem aumentar o número de coisas que as crianças podem criar, mas não subestime os materiais tradicionais. Uma coordenadora de um Computer Clubhouse ficou envergonhada ao admitir que seus membros estavam fazendo bonecos com *"nylon, jornais e sementes"*, sem nenhuma tecnologia avançada, mas eu achei seus projetos excelentes. Diferentes materiais são bons para diferentes coisas. Peças LEGO e palitos de sorvete são bons para fazer esqueletos, feltro e tecido são bons para fazer a pele e o Scratch é bom para fazer coisas se moverem e interagirem. Canetas e marcadores são bons para desenhar, e cola quente e fita adesiva são boas para colar coisas. Quanto maior a diversidade de materiais, maior o número de oportunidades de projetos criativos.

4. *CRIAR:* ABRACE TODAS AS FORMAS DE FAZER

Crianças diferentes se interessam por diferentes formas de fazer. Algumas gostam de fazer casas e castelos com peças LEGO; outras gostam de fazer jogos e animações com o Scratch; outras gostam de fazer joias, carros de corrida com caixas de sabão em pó, ou sobremesas — ou até campos de minigolfe. Escrever um poema ou um conto também é um tipo de fazer. As crianças podem usar todas essas atividades para aprender sobre o processo de *design* criativo. Ajude-as a encontrar o tipo de fazer que faz mais sentido para elas, ou, ainda melhor: incentive-as a se engajarem em diferentes tipos de fazer. Assim, elas terão uma compreensão ainda melhor do processo de *design* criativo.

5. *BRINCAR:* ENFATIZE O PROCESSO, NÃO O PRODUTO

Ao longo deste livro, enfatizo a importância do "fazer coisas". Muitas das melhores experiências de aprendizagem ocorrem quando as pessoas estão ativamente engajadas em fazer algo, mas isso não significa que devemos focar toda a nossa atenção naquilo que é feito. O processo pelo qual as coisas são feitas é ainda mais importante. Conforme as crianças trabalham nos projetos, destaque o processo, não o produto final. Pergunte a elas quais são suas estratégias e fontes de inspiração. Incentive a experimentação, valorizando os experimentos que não deram certo da mesma forma que valoriza os bem-sucedidos. Separe um tempo para que as crianças possam compartilhar as etapas intermediárias dos projetos e discutir o que estão planejando fazer em seguida e por quê.

6. *BRINCAR:* AUMENTE O TEMPO PARA PROJETOS

Trabalhar em projetos criativos leva tempo, principalmente se as crianças estiverem constantemente fazendo experimentos e explorando ludicamente novas ideias (como nós gostaríamos). Tentar limitar os projetos a um período de 50 minutos na escola (ou até mesmo a alguns períodos de 50 minutos durante uma semana) vai totalmente contra a ideia de se trabalhar em projetos. Isso desmotiva as crianças a assumirem riscos e fazerem experimentos, pois prioriza a eficiência e a resposta "certa" dentro daquele período limitado. Para melhorar isso, separe dois períodos para projetos. Para melhorar ainda mais, defina dias ou semanas (ou até mesmo meses) específicos para que os alunos trabalhem apenas em projetos na escola. Enquanto isso, apoie programas fora do horário das aulas e em centros comunitários em que as crianças tenham mais tempo para trabalhar em projetos.

7. *COMPARTILHAR:* FAÇA O PAPEL DE "CASAMENTEIRO"

Muitas crianças querem compartilhar ideias e colaborar em projetos, mas não sabem como. Você pode fazer o papel de "casamenteiro", ajudando-as a se encontrarem, seja no mundo físico ou no virtual. Nos Computer Clubhouses, a equipe e os mentores passam muito tempo colocando participantes em contato uns com os outros. Às vezes, eles juntam pessoas com interesses semelhantes (por exemplo, com interesse comum em mangás japoneses ou em modelagem 3D); outras, unem integrantes com interesses complementares (por exemplo, membros interessados em arte e robótica que podem trabalhar juntos em esculturas interativas). Na comunidade *on-line* Scratch, organizamos *Collab camps* (Acampamentos de colaboração) com duração de um mês para ajudar *scratchers* a encontrarem parceiros de trabalho e aprenderem estratégias eficazes de colaboração.

8. *COMPARTILHAR* : ENVOLVA-SE COMO COLABORADOR

Pais e mentores, às vezes, se envolvem demais com os projetos criativos das crianças, dizendo o que fazer ou pegando o teclado para mostrar como resolver um problema. Porém, outros pais e mentores não se envolvem nem um pouco. Existe um meio-termo ideal, em que adultos e crianças realmente colaboram em projetos. Quando os dois lados estão comprometidos com o trabalho em equipe, todos saem ganhando. Um grande exemplo é a iniciativa *Family Creative Learning* (Aprendizagem Criativa em Família), de Ricarose Roque, na qual pais e crianças colaboram em projetos em centros comunitários locais por cinco sessões. Ao final da experiência, eles passam a respeitar mais as habilidades uns dos outros, fortalecendo suas relações.

9. *REFLETIR:* FAÇA PERGUNTAS (AUTÊNTICAS)

É ótimo que as crianças se envolvam em projetos, mas também é importante que elas deem um passo para trás e reflitam sobre o que está acontecendo. Você pode incentivá-las a refletir fazendo perguntas sobre seus projetos. Eu normalmente começo perguntando: "Como você teve a ideia para esse projeto?". É uma pergunta autêntica, porque realmente quero saber! A pergunta faz a criança refletir sobre o que a motivou e inspirou. Outra das minhas perguntas favoritas é: "O que tem sido mais surpreendente para você?". Esta faz elas não apenas descreverem o projeto, mas refletirem sobre a experiência. Se algo dá errado, costumo perguntar: "O que você queria que isso fizesse?". Ao descrever o que estão tentando fazer, elas normalmente reconhecem o que deu errado sem que eu precise dar mais informações.

10. *REFLETIR:* COMPARTILHE AS PRÓPRIAS REFLEXÕES

Pais e professores geralmente não gostam de falar com crianças sobre o que estão pensando, talvez por não quererem expor que, às vezes, estão confusos, ou que não têm certeza sobre o que pensar. Conversar com crianças sobre seus pensamentos é o melhor presente que você pode dar a elas. É importante que saibam que pensar é difícil para todos, adultos e crianças, e é útil para elas ouvir estratégias sobre como trabalhar em projetos e pensar para resolver problemas. Quando ouvem suas reflexões, tornam-se mais abertas a refletir sobre seus próprios pensamentos e, assim, saberão melhor como fazer isso. Imagine as crianças da sua vida como aprendizes do pensar criativamente; você pode ajudá-las a se tornarem pensadoras criativas demonstrando e discutindo como você faz isso.

CONTINUAÇÃO DA ESPIRAL

A espiral da aprendizagem criativa claramente não termina depois de um único ciclo de imaginar, criar, brincar, compartilhar e refletir. Conforme as crianças evoluem no processo, surgem novas ideias e seguem para a próxima repetição da espiral, com outro ciclo de imaginar, criar, brincar, compartilhar e refletir. Em cada repetição da espiral surgem novas oportunidades de você apoiar as crianças no processo de aprendizagem criativa.

DEZ DICAS PARA *DESIGNERS* E DESENVOLVEDORES

Ao longo dos anos, enquanto meu grupo de pesquisa do MIT desenvolvia novas tecnologias e atividades para apoiar o brincar e a aprendizagem das crianças, desenvolvemos um conjunto de princípios de *design* para orientar nosso trabalho. Esses princípios estão sempre internalizados em nossa mente, influenciando e informando todas as decisões que tomamos.

Nesta seção, apresento uma lista com dez desses princípios orientadores (combinando uma lista que compilei inicialmente com meu colega Brian Silverman e a forte inspiração de nosso mentor, Seymour Papert). Espero que essas dicas sejam úteis para outros *designers* e desenvolvedores que buscam engajar as crianças em experiências de aprendizagem criativa.

1. *DESIGN* PARA *DESIGNERS*

Ao desenvolver novas tecnologias e atividades para crianças, a maioria dos *designers* busca *entregar algo*. Em alguns casos, entregam instruções; em outros, entregam entretenimento; e, às vezes, entregam ambos. Nós adotamos uma abordagem diferente. Acreditamos que as melhores experiências de aprender e brincar acontecem quando as crianças estão ativamente envolvidas em projetar, criar e se expressar, assim, nossa intenção é *possibilitar*. Queremos desenvolver ferramentas e atividades que possibilitem que as crianças projetem, criem e se expressem. Resumidamente, nossa meta é o *design* para *designers*. Por meio de nossos projetos, queremos criar oportunidades para que as crianças criem os delas.

2. APOIE PISOS BAIXOS E TETOS ALTOS

As crianças devem poder crescer com suas ferramentas. Martelos e chaves de fenda podem ser usados tanto por crianças quanto por adultos, mas em projetos diferentes. As peças LEGO podem ser usadas por crianças mais novas, que ainda estão aprendendo a construir, mas também por engenheiros e arquitetos, que constroem modelos sofisticados, e o mesmo se aplica às novas tecnologias digitais. Ao desenvolver ferramentas, tentamos oferecer maneiras fáceis de começar projetos (pisos baixos), mas também oportunidades de trabalhar em projetos cada vez mais complexos com o passar do tempo (tetos altos). Os *kits* de robótica LEGO Mindstorms e as ferramentas de programação do Scratch são frequentemente introduzidos nas escolas de ensino fundamental, mas também são usados em aulas de cursos universitários.

3. AMPLIE AS PAREDES

Diferentes crianças têm diferentes interesses, conhecimentos e estilos de aprendizagem: como podemos desenvolver tecnologias que cativem e envolvam todas elas? Criando paredes amplas, que permitam diferentes caminhos desde o piso baixo até o teto alto. Uma grande razão para o sucesso do Scratch é que as crianças podem usá-lo de maneiras muito variadas: algumas delas criam jogos animados, enquanto outras criam composições musicais; algumas criam padrões geométricos, outras criam narrativas dramáticas; algumas planejam seus projetos de forma sistemática, e outras exploram e fazem experiências. Para tornar seus projetos mais pessoais e diferenciados, elas podem importar as próprias imagens e vozes. Nós desenvolvemos nossas tecnologias como espaços a serem explorados, não como coleções de atividades específicas. O que esperamos é que as crianças continuem nos surpreendendo (e a si mesmas, também) à medida que exploram o espaço de possibilidades. O desafio da criação é desenvolver recursos específicos o suficiente para que as crianças aprendam rapidamente a usá-los, mas gerais o bastante para que continuem imaginando novas formas de colocá-los em prática.

4. CONECTE INTERESSES E IDEIAS

Quando criamos tecnologias e atividades para crianças, estamos sempre tentando fazer dois tipos de conexões. Por um lado, queremos fazer conexões com os *interesses* das crianças, de modo que se sintam motivadas a explorar, a experimentar e a aprender. Por outro lado, queremos ajudá-las a fazer conexões com *ideias* úteis para suas vidas. Esses dois tipos de conexões se reforçam mutuamente: as crianças tendem a fazer conexões mais fortes com ideias novas quando as encontram no contexto de projetos motivadores e significativos, ou seja, projetos pelos quais se interessam profundamente. Um dos motivos pelos quais nos esforçamos tanto para desenvolver ambientes de programação para crianças é o de vermos a programação como uma atividade que pode conectar interesses e ideias, permitindo que as crianças trabalhem em projetos pelos quais realmente se importam, e oferecendo, ao mesmo tempo, um modo autêntico de se engajarem com ideias importantes.

5. PRIORIZE A SIMPLICIDADE

Muitas ferramentas tecnológicas sofrem com a "epidemia dos recursos". Cada nova geração de produtos tende a ter mais recursos, além de mais complexidade. Tentamos resistir a essa tendência, priorizando a simplicidade, a capacidade de compreensão e a versatilidade. Por exemplo, quando desenvolvemos uma nova versão dos bloquinhos programáveis LEGO, reduzimos o número de motores e sensores que poderiam ser conectados. Isso abaixou o teto de alguns projetos avançados, mas ampliou as paredes. Ao tornar as peças programáveis menores, mais leves e simples, possibilitamos a criação de novos tipos de projetos de dispositivos móveis e vestíveis. Dessa forma, a restrição de recursos pode promover novas formas de criatividade (ao mesmo tempo em que reduz os custos e aumenta a confiabilidade).

6. CONHEÇA (PROFUNDAMENTE) AS PESSOAS PARA QUEM VOCÊ CRIA

Tornou-se comum para os *designers* fazer testes A/B para descobrir as preferências e os hábitos dos usuários. Eles mostram a versão A de um projeto a alguns usuários, a versão B a outros, e analisam como todos eles reagem. Essa abordagem funciona quando queremos resolver problemas simples de interface, como o melhor local ou a cor de um botão em uma página da *web*. Entretanto, para apoiar experiências de aprendizagem criativa, é importante desenvolver uma compreensão mais detalhada de como as pessoas vão se relacionar com (e entender o propósito de) novas ferramentas e atividades. Achamos mais produtivo observar as pessoas enquanto utilizam nossos protótipos, analisando cuidadosamente o que elas fazem (e não fazem), para depois alterá-los conforme adequado. Não é suficiente perguntar o que elas pensam ou querem, é preciso também observar o que elas fazem.

7. INVENTE COISAS QUE VOCÊ MESMO QUER USAR

Em princípio, esta orientação pode parecer extremamente egocêntrica, e, na verdade, existe o risco de uma preferência excessiva pelos próprios gostos e interesses. Mas descobrimos que fazemos um trabalho muito melhor como *designers* quando gostamos de usar os sistemas que estamos criando. Também sentimos que esta abordagem é, basicamente, mais respeitosa para as crianças. Por que devemos impor a elas os sistemas que nem nós mesmos gostamos de usar? Existe outro motivo, talvez menos óbvio, para inventarmos coisas que nós mesmos gostamos de usar. Quando as crianças usam nossas tecnologias, precisam do apoio de professores, pais e mentores. Nossa meta é criar não só novas tecnologias, mas também comunidades de pessoas que possam ajudar as crianças a aprender com essas tecnologias. Descobrimos que é mais fácil construir essas comunidades se todos os envolvidos (tanto adultos quanto crianças) gostarem de usar as tecnologias.

8. MONTE UMA PEQUENA EQUIPE DE *DESIGN* MULTIDISCIPLINAR

Desenvolver tecnologias lúdicas de aprendizagem requer experiência em várias áreas: ciência da computação, engenharia elétrica, *design*, psicologia, educação, entre outras. Para cada novo projeto, montamos uma pequena equipe multidisciplinar, incluindo pessoas que possam colaborar com diversas experiências e conhecimentos. Realizamos reuniões de equipe semanais, nas quais compartilhamos ideias, reagimos aos protótipos mais recentes e discutimos sobre orientações de *design*. Nossas equipes costumam ser formadas por cinco a sete pessoas: elas precisam ser grandes o suficiente para reunir pontos de vista variados, mas pequenas o bastante para que todos possam contribuir de forma ativa nos encontros.

9. CONTROLE O PROJETO, MAS OUÇA A VOZ DO POVO

Para criar um projeto coerente, consistente e integrado, é importante ter um pequeno grupo que controle e coordene as decisões de *design*, mas também é interessante receber contribuições de uma comunidade maior de pessoas. Quando o Grupo LEGO estava desenvolvendo a segunda geração de seu *kit* de robótica Mindstorms, coletou as opiniões de fãs adultos de LEGO do mundo todo. Nós disponibilizamos nosso código-fonte para que os fãs do Scratch pudessem ajudar a identificar e a corrigir *bugs* nele. Também tivemos muitas contribuições para traduzir o Scratch: disponibilizamos uma lista com centenas de palavras e frases usadas em sua interface e pedimos às pessoas para ajudarem a traduzir a lista para outras línguas, e voluntários do mundo todo traduziram o Scratch para mais de 50 idiomas.

10. REPITA, REPITA — E REPITA DE NOVO

Queremos que as crianças repitam seus projetos, e aplicamos o mesmo princípio a nós mesmos. Desenvolvendo tecnologias, descobrimos que nunca acertamos tudo na primeira tentativa. Estamos sempre fazendo críticas, ajustes, alterações, revisões, e a capacidade de desenvolver protótipos rapidamente é essencial nesse processo. Para nós, *storyboards* não são suficientes; queremos protótipos que funcionem. Os primeiros protótipos não precisam funcionar perfeitamente, apenas bem o suficiente para brincarmos e fazermos experimentos com eles e para falarmos sobre eles. Em seu livro *Serious play*, Michael Schrage explica que os protótipos são especialmente úteis como iniciadores de conversa para catalisar as discussões entre *designers* e possíveis usuários. Descobrimos que nossas melhores conversas (e ideias) acontecem quando começamos a brincar com novos protótipos — e quando observamos outras pessoas brincando com eles. Assim que começamos a brincar com (e falar sobre) um protótipo, começamos a pensar sobre como construir o próximo.

O CAMINHO EM DIREÇÃO AO JARDIM DE INFÂNCIA PARA A VIDA TODA

Alguns anos atrás, uma colega do Media Lab me escreveu contando sobre sua filha, Lily, que estava no jardim de infância. "Uma das colegas da Lily está repetindo o jardim de infância por questões de desenvolvimento", ela escreveu. "Lily voltou para casa um dia e disse: 'Daisy fez o jardim de infância no ano passado e vai repetir este ano, dois anos inteiros! Também quero fazer o jardim de infância de novo!'"

A relutância de Lily em deixar o jardim de infância é compreensível. Conforme for progredindo dentro do sistema escolar, talvez nunca mais tenha as mesmas oportunidades de exploração e expressão criativas. Mas não precisa ser assim. Neste livro, apresentei razões e estratégias para expandir a abordagem do jardim de infância, para que crianças como Lily possam continuar se envolvendo em experiências de aprendizagem criativa durante toda a vida.

Expandir a abordagem do jardim de infância com certeza não é fácil. Os sistemas educacionais têm se mostrado extremamente resistentes a mudanças. No último século, as áreas da agricultura, da medicina e da indústria foram fundamentalmente transformadas por novas tecnologias e por avanços científicos, o que não aconteceu com a educação. Mesmo que novas tecnologias tenham passado pelas escolas, as estruturas e as estratégias centrais da maioria delas permaneceram em grande parte inalteradas, presas a uma mentalidade de linha de montagem, seguindo as necessidades e processos da sociedade industrial.

Para atender às necessidades da sociedade criativa, precisamos derrubar várias barreiras do sistema educacional. Precisamos derrubar as barreiras entre as *disciplinas*, oferecendo aos alunos a oportunidade de trabalhar em projetos que integrem ciências, arte, engenharia e *design*. Precisamos derrubar as barreiras da *idade*, permitindo que pessoas de qualquer idade possam aprender umas com as outras. Precisamos derrubar as barreiras do *espaço*, conectando as atividades em escolas, em centros comunitários e em lares. E precisamos derrubar as barreiras do *tempo*, permitindo que as crianças trabalhem em projetos de acordo com seus interesses por semanas, meses ou anos, em vez de limitar projetos a um período de aula ou a uma unidade curricular.

Derrubar essas barreiras estruturais será difícil. Será necessária uma mudança na forma como as pessoas pensam sobre educação e sobre aprendizagem. As pessoas precisam ver a educação como uma forma de ajudar as crianças a se desenvolverem como pensadoras criativas, e não a entregar informações e instruções divididas em pequenas partes.

Quando penso na transição para uma sociedade criativa, sou pessimista no curto prazo e otimista no longo prazo. Sou pessimista no curto prazo porque sei como é difícil derrubar barreiras estruturais e mudar a mentalidade das pessoas — esse tipo de mudança não costuma acontecer da noite para o dia. Ao mesmo tempo, sou otimista no longo prazo porque há tendências que fortalecerão a abordagem do jardim de infância para a vida toda. O passo acelerado das mudanças deixará evidente a necessidade de se ter um pensamento criativo; com o tempo, mais e mais pessoas entenderão a importância de ajudar as crianças a desenvolverem suas capacidades criativas, e surgirá um novo consenso acerca das metas da educação.

Há sinais de esperança ao redor do mundo. Há mais escolas, museus, bibliotecas e centros comunitários oferecendo às crianças a oportunidade de fazer, criar, experimentar e investigar. E há mais pais, professores e políticos reconhecendo as limitações das abordagens tradicionais de aprendizagem e educação, e eles estão buscando melhores estratégias para preparar as crianças para a vida em um mundo em constante mudança.

Outra razão para eu ser otimista no longo prazo são as próprias crianças. Conforme mais delas conseguem experimentar as possibilidades e as alegrias da criatividade participando de comunidades como o Scratch e a rede Clubhouse, mais se tornam catalisadoras dessa mudança. Elas estão se frustrando com a passividade das salas de aula e não querem aceitar o modo antigo de fazer as coisas. Essas crianças, quando crescerem, continuarão defendendo a mudança.

Esse é só o começo de uma longa jornada. O caminho em direção ao jardim de infância para a vida toda será longo e tortuoso, e serão necessários vários anos de trabalho de muitas pessoas em diversos lugares. Precisamos desenvolver melhores tecnologias, atividades e estratégias para engajar crianças em atividades de aprendizagem criativa. Precisamos criar mais espaços onde elas possam trabalhar em projetos criativos e desenvolver suas capacidades criativas. E precisamos descobrir formas melhores de documentar e demonstrar o poder dos projetos, da paixão, dos pares e do pensar brincando.

O tempo e o esforço valem a pena. Dediquei minha vida a isso e espero que outros façam o mesmo. Essa é a única maneira de garantir que todas as crianças, de diferentes contextos, tenham a oportunidade de se tornar participantes ativas e plenas da sociedade criativa de amanhã.

Leituras e recursos complementares

Este livro se concentra em exemplos do meu trabalho no MIT Media Lab, mas ele utiliza as ideias de várias pessoas de diferentes lugares e épocas. Veja a seguir alguns livros que serviram de inspiração para mim e que contribuíram para meu raciocínio. Para ver os *links* de vídeos, *sites* e outros recursos relacionados às ideias apresentadas neste livro, acesse: lifelongkindergarten.net (conteúdo em inglês).

BARRON, B. et al. *The digital youth network:* multivating digital media citizenship in urban communities. Cambridge: MIT, 2014.

BERS, M. *Designing digital experiences for positive youth development:* from playpen to playground. Oxford: Oxford University, 2012.

BRENNAN, K. *Best of both worlds:* issues of structure and agency in computational creation, in and out of school. Cambridge: MIT Media Lab, 2012.

BROSTERMAN, N. *Inventing kindergarten.* New York: Harry N. Abrams, 1997.

DEWEY, J. *Experience and education.* Indianapolis: Kappa Delta Pi, 1938.

DISESSA, A. *Changing minds:* computers, learning, and literacy. Cambridge: MIT, 2000.

DOUGHERTY, D. *Free to make:* how the maker movement is changing our schools, our jobs, and our minds. Berkeley: North Atlantic Books, 2016.

DUCKWORTH, E. *The having of wonderful ideas:* and other essays on teaching and learning. New York: Teachers College, 1987.

EDWARDS, C.; GANDINI, L.; FORMAN, G. (ed.). *The hundred languages of children:* the Reggio Emilia approach to early childhood education. Westport: Praeger, 1993.

HOLT, J. *Learning all the time:* how small children begin to read, write, count, and investigate the world, without being taught. Cambridge: Addison-Wesley, 1989.

HONEY, M.; KANTER, D. *Design, make, play:* growing the next generation of STEM innovators. New York: Routledge, 2013.

JENKINS, H., ITO, M.; BOYD, D. *Participatory culture in a networked era:* a conversation on youth, learning, commerce, and politics. Cambridge: Polity, 2015.

KAFAI, Y.; PEPPLER, K.; CHAPMAN, R. *The computer clubhouse:* constructionism and creativity in youth communities. New York: Teachers College, 2009.

KOHN, A. *Punished by rewards:* the trouble with gold stars, incentive plans, A's, praise, and other bribes. Houghton: Mifflin, 1993.

MARTINEZ, S.; STAGER, G. *Invent to learn:* making, tinkering, and engineering in the classroom. Torrance: Constructing Modern Knowledge, 2013.

PAPERT, S. *The children's machine:* rethinking school in the age of the computer. Upper Saddle River: Prentice Hall, 1993.

PAPERT, S. *Mindstorms:* children, computers, and powerful ideas. New York: Basic Books, 1980.

PEPPLER, K.; HALVERSON, E.; KAFAI, Y. (ed.). *Makeology:* makerspaces as Learning Environments. New York: Routledge, 2016. (v. 1).

PINK, D. *Drive:* the surprising truth about what motivates us. New York: Riverhead Books, 2009.

ROBINSON, K. *Out of our minds:* learning to be creative. 2nd ed. Mankato: Capstone, 2011.

RUSK, N. *Scratch coding cards:* creative coding activities for kids. [S.l.]: No Starch Press, 2016.

THOMAS, D.; BROWN, J. S. *A new culture of learning:* cultivating the imagination for a world of constant change. Scotts Valley: CreateSpace, 2011.

TURKLE, S. *The second self:* computers and the human spirit. New York: Harper Collins, 1984.

WAGNER, T.; DINTERSMITH, T. *Most likely to succeed:* preparing our kids for the innovation era. New York: Scribner, 2015.

WILKINSON, K.; PETRICH, M. *The art of tinkering:* meet 150+ makers working at the intersection of art, science & technology. Richmond: Weldon Owen, 2014.